别让性格左右了你的人生

你是否真的认识自己？

默 然/著

北方文藝出版社

图书在版编目（CIP）数据

别让性格左右了你的人生 / 默然著 . -- 哈尔滨 : 北方文艺出版社 , 2019.9
ISBN 978-7-5317-4576-1

Ⅰ . ①别… Ⅱ . ①默… Ⅲ . ①性格 - 通俗读物 Ⅳ . ① B848.6-49

中国版本图书馆 CIP 数据核字（2019）第 126785 号

别让性格左右了你的人生

Bierang Xingge Zuoyoule Nide Rensheng

作　者 / 默　然
责任编辑 / 路　嵩
封面设计 / 米　乐

出版发行 / 北方文艺出版社
邮　编 / 150080
发行电话 /（0451）85951921 85951915
经　销 / 新华书店
地　址 / 哈尔滨市南岗区林兴街 3 号
网　址 / www.bfwy.com

印　刷 / 三河市人民印务有限公司
开　本 / 880mm × 1230mm　1/ 32
字　数 / 183 千
印　张 / 9
版　次 / 2019 年 9 月第 1 版
印　次 / 2019 年 9 月第 1 次印刷

书　号 / ISBN 978-7-5317-4576-1
定　价 / 42.00 元

目　录 | CONTENTS

Part 1
不同性格演绎不同人生

Part 2
自我认识，从认识自己的性格开始

Part 3 内向的性格真的不如外向吗

Part 4 牛人不是没缺点， 而是发挥了性格优势

Part 1

不同性格演绎不同人生

1.《欢乐颂》五个性格不同的女孩

在电视剧《欢乐颂》中，五个不同性格的女孩，汇聚在同一小区同一楼层，向观众展现了一部不同性格不同人生轨迹的都市职场电视剧，每个人都能在剧中找到一些和自己性格相似的影子。

最让观众羡慕的两个角色无疑是安迪和曲筱绡了。安迪是海外归国的商业精英高管，机智优秀而独立，靠着自己的实力打拼出了自己的事业，却没有染上社会大染缸的城府世故和圆滑，保持着自己的简单和善良，在事业情感里都如鱼得水令人艳羡。

曲筱绡，家里很有钱但不败家，精通世故，古灵精怪，我行我素，潇洒不羁，清楚地知道自己想要的是什么，并且愿意为此付出很多努力，她能够把白开水一般的生活变成香槟红酒宴会般活色生香，人生方向盘的绝对掌控者。

但在日常生活中，大部分的人只成为了另三位女主角。樊胜美，集实力与美貌于一身的外资公司资深 HR，但因为家庭环境的影响和重压，她把自己的人生未来寄托在一个有钱有势的男人身上企图过上安逸富贵的生活，缺乏独立自强的意识，她的出身造就了她的性格，她的性格让她承受了委屈和冷眼的人生。

关雎尔，家境良好，文静内敛，知礼懂事，是那种从小在父母的规划下按部就班长大的人。工作勤勤恳恳，但也缺乏创新束手束脚，她的人生也如她的性格一般沉稳平静。

让人又爱又恨的邱莹莹，家境普通学历普通能力普通，脑袋不太灵光，做事莽撞又不思进取，一旦陷入爱情就理智全无，这也就导致了她一开始在大都市中遍体鳞伤。

网上曾经火过这样一段台词：我们渴望像安迪一样成功，却未必能付出像小曲一样的努力；我们希望能过得像小曲一样随性，却常常只能像关关一样拘束；我们想要和关关一样有大家闺秀的气质，却遇事只能像小蚯蚓一样头脑一热不管不顾；我们许愿自己能如同小蚯蚓般单纯直接，却往往都是像樊姐一样思虑过多；我们想要自己学会樊姐的善解人意，却总是更像安迪不善交往。

没人能囊括所有性格中好的一面，不同的家庭背景、教育、社会环境的影响形成了如今的性格，它支配我们的行为方式和思维模式。法国哲学家亨利·柏格森曾说过："性格即我们的自身。"也就是说我们自身发生一些事情的必然性都与性格有关。每个人都会在生活中面对形形色色的选择，当我们打开了一道门的同时，也就关闭了其他可能性的通道。性格会指导我们在决定过程中做出选择，选择又会直接决定命运，此时的命运也就决定了人生。

有一对双胞胎叫玉翠和玉怡，两姐妹虽然长相相似，一样眉目清秀，但性格迥异。玉翠内向文静，对他人的要求也是有求必应。玉怡同样文静的外表之下暗藏一颗叛逆的心，喜欢奇妙的思想，敢于去探索和追求未知的未来。

很快她们都到了谈婚论嫁的年龄，当然，这时候父亲也早已帮她们物色好了两个自己非常满意的人选。面对人生的转折，性格迥异的两姐妹做出了不同的选择。

玉翠觉得与其拼死拼活地反抗父亲的权威，倒不如安静地接受，她也相信父亲选的人不会差到哪里去。可玉怡不一样，她不愿在婚姻大事上将就，她要去外面的世界看看，她想去学习摄影。父亲发怒责骂，却也拗不过玉怡的坚持，无奈只好随她去。

从此，玉翠和玉怡走上了不同的人生之路。玉翠结婚后在农村安下心相夫教子，生活像大部分农村妇女一样，在夫妻争吵和小孩哭闹中度过，当年的聪慧慢慢消失不见。而玉怡做签约作者和摄影师，每到一处就把自己的所见所想分享给别人。在路上，她不仅收获了不同风情的精彩，也遇见了自己命中注定的爱情。

性格不仅影响一个人的生活状况、婚姻家庭，也影响一个人的人际交往、工作事业、精神追求。不同的性格之下映照出的是不同的人生，正所谓：顺也性格逆也性格。但只要我们化解性格中的缺陷，发挥性格中的优势，自觉地运用性格的力量，我们就可以彻底改变人生。

2. 为什么说性格决定命运

在人生微妙的造设里，性格就像是一开始建构在水泥柱子里层的钢筋铁骨。

1998年5月，巴菲特和比尔盖茨被华盛顿大学的350名学生邀请来学校进行演讲，在提问环节，学生们提出了一个幽默风趣的问题："你们怎么变得和上帝一样富有？"巴菲特回答说："这个问题非常简单，原因不在智商。为什么聪明人会做一些阻碍自己发挥全部工效的事情呢？原因在于习惯、性格和脾气。"比尔盖茨在一旁表示赞同。撒切尔夫人说："小心你的思想，它会变成你的语言；小心你的语言，它会变成你的行动；小心你的行动，它会变成你的习惯；小心你的习惯，它会变成你的性格；小心你的性格，它会变成你的命运。"

这些名人告诉我们性格和习惯对命运的重要性。正如开头所说的习惯形成性格，性格又能够决定命运，所以习惯也决定了命运。

那么为什么说习惯能够决定命运呢？

英国著名的哲学家培根说："习惯真是一种顽强而巨大的力量，它可以主宰人生。"

迈克·默多克说："人不能决定命运。人决定习惯，习惯决定命运。"

著名教育家陶行知先生说过："思想决定行动，行动养成习惯，习惯形成品质，品质决定命运。"

《世界上最伟大的推销员》一书的作者奥格·曼狄诺，向世人宣告他成功的秘密就是习惯，他说："我们的行为受到品质、情感、偏见、欲望、爱、恐惧、环境和习惯的影响，其中最厉害的就是习惯。成功与失败最大的分歧来自不同的习惯。"

行为科学研究表明，一个人一天的行为中大约只有5%是属于非习惯性的，而剩下的95%的行为都是习惯性的。每一个习惯就像是构筑身体的细胞，许许多多的习惯形成了各种各样的行走的个体。小时候的鲁迅先生曾因为要为父亲买药而上课迟到，受到老师的责备后，他暗暗许诺不再迟到，从此养成了好习惯，他时时刻刻要求自己凡事都要早做，长时间的坚持养成了自己的习惯。这位以“早”而著名的作家，在中国的文坛乃至世界的文学史上都留下了不可磨灭的足迹，成为世界十大文豪之一。

可见，习惯的好坏对人的一生发展起着至关重要的作用。为此，面对生活中的琐碎小事，提醒自己“勿以善小而不为，勿以恶小而为之”，就如老子在《道德经》说的：“合抱之木，生于毫末；九层之台，起于垒土；千里之行，始于足下。”

曾经有人做过一项调查研究，针对148名杰出青年与115名青年死刑犯的童年教育进行过对比分析。分析发现，这148名杰出青年之所以获得成功，是因为这些人在童年时代就集中体现了6个习惯特点：自主自立，意志坚强，友善合作，明辨是非，选择良友，道德为先。与此相反，在对115名青年死刑犯的犯罪原因进行调查研究中发现，他们在童年时代也有着共同的习惯特点：厌恶学习，粗野无礼，好逸恶劳，亡命称霸，是非颠倒，荣辱不清。通过对比研究可以明显看出，148名杰出青年与115名青年死刑犯的显著差异之一就是习惯的不同，好习惯让人终身受益，坏习惯让人终身受害。

从一个呱呱坠地的婴儿开始，他习惯中的影响因素有很大一部分就已经被确定了下来，遗传因素、家庭生活环境、教育条件冥冥中就已经划定。

在原生家庭中被给予的爱和自由，遇到的人、见过的事、读过的书，生活中好的坏的氛围，都为这个人习惯形成的过程中添砖加瓦。习惯既是上天给我们的一个外壳，同时还是一个自我修行的道场。既然习惯具有那么大的影响力，那么我们是否可以改变习惯中不好的一面呢？答案当然是肯定的。

众多研究和事例都向我们表明：21 天以上的重复会形成习惯；90 天的重复会形成稳定的习惯。即同一个动作，重复 21 天就会变成习惯性的动作；同样的道理，任何一个想法，重复 21 天，或者重复验证 21 次，就会变成习惯性想法。所以，一个好的行为如果被我们重复 21 天之后，它就会变成我们不再需要刻意去做的习惯了。

很多人都渴求自己一出生就能上知天文下知地理，在人生行驶过程中最好能够做一名不怕海啸风浪的船长，但他们很容易忽略了人生最大的智慧恰恰是养成那些貌似不起眼的好习惯。

从现在开始就去做一件能够养成好习惯的事情，改变那些让我们不快乐不成功的习惯模式，好的习惯领域越大，生命将越自由、越充满活力，成就也会越大。

3. 不良性格导致悲剧人生

在诸多的成功因素中，性格是最重要的。

成功者肯定有其成功的理由，其成功必然与其优良性格分不开。如果一个人的性格存在缺陷，他的人生必将受到这些性格缺陷的影响。甚至在关键时刻这些性格缺陷会对人生起决定性作用，成为走向成功的绊脚石。

东汉末年有个叫祢衡的狂傲之士，少年时代就表现出过人的才气，记忆力超群，善写文章，长于辩论。但是，伴随一身才气的同时也有着一身的坏脾气，自负傲慢、狂妄无礼。

为了寻求上升通道，祢衡结交到孔融这位朋友。孔融将祢衡推荐给了曹操，谁知祢衡却不领情，不但托病不见曹操，而且出言不逊。曹操尽管恼怒但为了保持自己的形象，最后还是任命祢衡为击鼓的小吏。在某日的宴会上，曹操让祢衡击鼓助兴，想借此污辱祢衡，但没想到祢衡竟在宴会宾客前把衣服脱得精光，使宾主都扫兴没趣。后来曹操用借刀杀人之计强行把他押送到了荆州，等待他的是与别人发生冲突后被杀害的结局。

在天下动乱、军阀割据的年代，这样的性格注定会导致一场悲剧。在一个群雄逐鹿杀人如儿戏的年代，游走于朝廷庙堂之上无异于行走在刀刃之上。祢衡在这种自负傲慢又无礼的性格影响下做出了种种错误行为和选择，他不改变，那等待他的只能是命运的悲剧。

自负性格的人往往跟随着傲慢，容易目中无人并忽略他人的存在。过度自信，过高地评估个人能力，于是不容易听进别人的建议和意见，哪怕是金玉良言。这种一意孤行的行为，在团队里尤其容易制造紧张的气氛。这种人虽不缺才华，但是因为不能吸取不同的想法，又把自己无限夸大，所以最终的结果就是：木秀于林风必摧之。

除了自负，多疑也会加剧人际关系的紧张程度。多疑性格的人，临床表现就是神经过敏，对周围的人与事疑神疑鬼。在与人交往的过程中容易神经紧绷，难有轻松自然的状态呈现。因为多疑这种性格，程度轻的会导致难以结交知心的真正的朋友，严重的很有可能就会危及自己生命安全了。

《哈姆雷特》是莎士比亚最著名的悲剧之一，这部代表着莎士比亚戏剧创作最高成就的作品里的主人公哈姆雷特就因为自己的性格导致了最后人生的悲剧。哈姆雷特在求学时，父王突然去世，他回国送葬，但是却见到叔父篡夺王位并与母亲匆匆结婚，没过多久他知道了事情的来龙去脉。

摆在哈姆雷特面前的是家仇国恨，他有着强烈复仇的愿望和冲动，但是另一方面，哈姆雷特却在一次次可以杀死仇人的机遇中表现了他的迟疑。原本拥有的绝佳复仇机会，在他针锋相对的思想和信仰冲突的优柔寡断中功亏一篑，陷入无法自拔的痛苦中。

哈姆雷特的性格悲剧决定了他的悲剧人生。在哈姆雷特多疑性格中，复仇的意念愿望既驱动着他又折磨着他，复仇成了他生活的全部。继而他对懦弱的母亲冷语相向，对心爱女子的视而不见，他亲手杀死爱人的父亲，他最终落入仇人布下的圈套中。他始终承担着与其行为能力不相称的重任，哈姆雷特内心的复仇的信念，和行动上对世俗的背叛导致了最终的悲剧上演。的确，到了最后他复仇的愿望实现了，可是一切美好的东西也都破碎了：哈姆雷特的雄心壮志，爱人如花的生命，母亲脆弱的生命。

生活中，不好的性格随处可见。

自私自利的人总会把自己的需要放在第一位，很难考虑别人的真实感受，“宁可我负天下人，不叫天下人负我”是他们的行动指南。这种自私之心伤人害己，造成的损失很难挽回。

贪婪的人的欲望就像无底洞永远也填不满，对生活永不满足，且无休止地对外索取。因为欲望不断膨胀，所以当索取的目标越来越大，就会费尽心机、不择手段，甚至走向极端。

懒惰怯懦的人怕吃苦怕麻烦，经受不了挫折的考验，总是为了自保而退缩；刚愎自用的人唯我独尊，在自我的世界里不断垒起固执的铜墙铁壁；暴躁悲观的人掌控不了自己的情绪，随意向空气中抛洒负能量；面对机遇优柔寡断、释放不出当机立断破釜沉舟的勇气……。

很多人明知自己的性格缺陷，但就是很难去更正，从而为悲剧的发生埋下了伏笔。

不好的性格在致命节点足以导致个体毁灭，但是更多的认知、更高的修为可以改善我们性格的缺陷，可以控制我们的人生进程。

我们需要做的，首先要意识到性格存在的问题，然后趁现在就与性格中的负面来个鱼死网破，摧毁性格导致的悲剧人生的循环。

环顾周遭我们就会发现，那些急躁没耐心抢着过红灯以致发生车祸的人，那些控制不住自己的情绪动手伤人触犯法律的人，哪个不是得到了自己应有的报应？这些都是日积月累养成的性格，把芝麻大的事情酿成了西瓜般大的悲剧。如果说人生就是一场戏，那我们都应该避免自己成为悲剧的主角，否则悔之晚矣。

人能够产生思想影响行为，再影响性格。人的行为与环境的作用永远存在建构性格的力量，我们有机会扭转乾坤脱胎换骨。但即使需要面对惨淡的人生，也不放弃人生的主动权。

4. 良好性格创造美好人生

“你看隔壁老王小时候就性格好，自信乐观有教养，不仅学习好，还兴趣广泛。长大工作后职位高、工资高、前途好，过着幸福的美好人生。”“小明一直就待人真诚善良，因为一次善举，意外获得了一次机会，成为了人生的赢家。”每次回家，周围的七大姑八大姨就会说这些让人觉得“生命如此美好，为何总是花落他家”的话，令人羡慕之余，对自身性格多多少少也有些反思。

据说苏格拉底相貌比较丑陋，但娶了一个漂亮剽悍的女人，叫冉蒂佩。不管在任何场合，冉蒂佩经常会对苏格拉底大呼小叫。

有一次，苏格拉底正在和弟子们争论一个问题，冉蒂佩气呼呼地跑进来，大骂了一顿之后，又冲到外面提了一桶水，直接就泼到了她丈夫的身上。

弟子们惊呆了，都以为苏格拉底会对他的妻子大发雷霆。哪知苏格拉底只是慢悠悠地摸了摸被水浇湿的衣服，笑着说：“我就知道，哪里有光打雷不下雨的道理呢?”他的妻子顿时就变得不好意思了。苏格拉底对妻子一直都是采取包容、理解的心态，在他的眼中，妻子以为他忽视了自己，才会像个孩子一样闹腾。

用幽默化解尴尬，而不是采取暴力，不管是当事人还是旁观者，都不得不佩服苏格拉底的好气量。

现在不管是看电视剧还是新闻，总会看到很多人离婚的理由是：长久性格不合导致感情破裂。其实哪有那么多性格不合啊？有的是喜新厌旧，更多的则是因为一些鸡毛蒜皮的小事恶言相向，甚至大打出手，全然忘记了当初结婚时的信誓旦旦。

老一辈人的婚姻大多是家庭包办，离婚的却很少。当然并不是说婚姻包办有多好，可能是由于时代环境的变迁，以前环境封闭，即使短时的性格不合也总想着磨合磨合就好了。门轴都需要磨合呢，更何况是活生生的人呢？说白了就是包容，凡事多理解对方的想法，少计较小事，日子自然也就过得顺风顺水了。

佛家相信，世间凡是有七窍者皆可修炼成仙。所谓七窍，其实按今天的话说就是有头的生物，猫自然也算其中。

修炼的猫每过二十年就能多长出一条尾巴，当尾巴长到第九条的时候，它就能修仙了。然而第九尾十分难得，当一只猫拥有八条尾巴的时候，它必须去满足一个人的愿望。而每实现一个愿望，猫就必须消失掉一条尾巴来相抵。八条尾巴的猫曾经向佛祖抱怨过，这样下去如何能修炼得道？佛祖却笑而不答。

八尾猫继续去完成那个死循环，这次它的主人是一个少年。当八尾猫找到那个少年时，天上下着大雨，少年浑身湿透，被四只饿狼所包围。毫无疑问，八尾猫救了他。少年知道了八尾猫来到这里的原因，可是他暂时实在想不起该实现什么愿望，就请求八尾猫先随他回家，容他想些日子，八尾猫同意了，将自己变成了一只很普通的白猫，每天催着少年许愿，要不就蹲在门口，眼神迷茫地望向远方。少年知道它不想待在这里，它只想完成命中注定的这个任务。望着八尾猫的背影，少年有些于心不忍。一个阳光很好的早晨，少年问八尾猫："是不是所有愿望都能实现？"八尾猫只是漫不经心地看着少年。

"我的愿望就是，你能有九根尾巴。"少年真诚地说。八尾猫呆住了。它终于明白佛祖的意思了。八尾猫变成了九尾猫，而少年以后的人生也非常幸福美满。

"本欲度众生，却被众生度。"用这句话来形容上面这个故事是再恰当不过了。其实，这世间哪里有什么死循环，只是缺乏一个愿意舍弃自己利益的人让你圆满罢了。善良的人得到善良，真诚的人终会换来真心，这些应该是我们所坚持的。

诚然，在这个社会上，自私自利之人不在少数，甚至有的会损人利己，周围发生的许多并不太好的事情一次又一次挑战着我们心灵的底线，我们该怎么做呢？是以彼之道还施彼身吗？不是。此时我们应该做的是保持自己内心的那一份真善美，不要被周围环境的污浊所污染腐蚀，之后采取不越过底线的手段来惩治那些自私卑鄙之人。

无论是幽默包容，还是善良真诚，都像是一颗颗钻石，熠熠发光，让人觉得分外美好。我们为了生活穿梭在茫茫人海中，会遇到各种各样的人，在这些人中会交到一些朋友。幽默的朋友带给我们欢乐，包容的朋友会让我们觉得特别感动，善良真诚的朋友会让我们感受到世间竟还会有如此美好热心的人……我们被亲近之人潜移默化地影响着，也将慢慢变得善良和包容，周围的世界也将会被我们所影响，一切都将美好，不是吗？

5. 真的是江山易改禀性难移吗

“江山易改，禀性难移”这句话在生活中被广泛引用，主要用来说明一个人的性格是非常难以改变的。

很多人生气时，都会大吼：“你永远都是这个坏脾气，狗改不了吃屎，你都改多少次了？”听到这里不免有些愕然。心想：性格真的是不可改变的吗？若是性格有缺陷的人想要让自己变得更受欢迎，那岂不是要失望了？莫要着急，总会找到方法的。

古时候有一位久经沙场的将军，因见多了战场厮杀，心中对战争产生了厌倦心理，想要剃度出家。将军对禅师说道：“大师，我现在已看破红尘，心如死水，请让我做您的弟子吧！”

禅师说：“你还有家，还贪恋红尘。你的心中纷纷扰扰，充满红尘世事。所以你还不能出家，以后再说吧！”

将军反驳道：“大师，我现在就可以抛弃家庭，妻子和儿女等等，请您现在就为我进行出家仪式吧！”禅师淡淡地看了将军一眼，仍旧是不同意，慢慢转身走了。

将军实在是没有办法了，特地选了一天，这天他起床起得特别早，禅师见他来得这么早，不禁问道：“将军你为什么一大清早就来拜佛呢？”将军用前几天学的偈语说：“为除心头火，起早礼师尊。”禅师便笑呵呵地回他：“起得那么早，不怕妻偷人？”

将军听到这句话，顿时暴跳如雷，大骂禅师，说他个老怪物，说话太伤人。禅师又是微微一笑，回：“轻轻地一挑衅，你就很愤怒。如此暴躁的脾气，怎么能说放得下呢?”将军听完，无话可说。拜别禅师，便回家了。

如此看来，性格好像的确是很难改变。就算是因为一些事情暂时压抑在了心中，但是只要稍加刺激，便随时可能引出内心被锁住的“坏性格”，从而造成功亏一篑。其实呢，性格是完全可以改变的。巴甫洛夫说：“性格是天生与后生的合金，性格受于祖代的遗传，在现实生活中又不断改变、完善。”

首先，让我们先来了解下什么是性格。性格通常被认为是一个人在日常生活中所表现出来的较为稳定和持续的行为方式。我们的性格通常是由环境和教育这两方面塑造而成，其中的环境包括但不限于家庭环境，而教育也并不仅仅是指学校的教育。了解了这一些知识，我们应该就明白了性格可以改变的原因。

因为成长环境、家庭条件等各种原因，林肯从小就是一个内向腼腆，不善言辞的孩子。而在他成为美国总统的时候，他却成为了一个善于演讲，谈吐幽默的人。这其中的辛苦与努力，除了他自己，无人知晓。

在长期的锻炼口才，改变性格的过程中，林肯采用自嘲、讲贴近实际的口语等方法来让自己的内心变得愉悦，并且还养成了善于发现生活中特殊事情的洞察力与敏感力。最后，他改变了自己内向的性格，收获了不一样的生活。后来林肯更是带头愉悦大众，让美国人从庄严肃穆的生活方式中脱离出来，变得风趣幽默。

性格可以改变，但是这个改变必须是让你变得更好，而不是更糟糕。发自内心地讲，大多数人虽然对自己的性格有或多或少的不满意，但是要改变的话，内心可能会有些抗拒。这种情况是很正常的，我们需要先学着接纳自己的不足，平静看待性格中不好的那一部分。

在工作和生活中，可能会遇到一些批评我们性格的话，比如，小王哪都好，就是不爱说话，等等。像以上这类的话，听的时候，要虚心接受，千万不可表现得太自我。承认自己的不足，并勇于接纳，这何尝不是一种改变呢？

常常听人说，周围的环境太复杂，我无力改变；我接受的教育不如别人，怎么可能会有他们那么美好的品质？其实呢，在未成年之前，我们尚可以用这番话替自己辩解。但当我们成人之后，说出这些话可能只会给别人一种你在推卸责任的感觉。三分天注定，七分靠打拼，性格亦是如此，即我们是完全可以通过自觉培养，接受教育等方式来培养自己的性格的。

6. 用改变性格来改变你的人生

人际关系学大师卡耐基曾说：一个人的成功，85%可以归于性格，另外15%则归功于知识。要想改变人生，则必先改变性格。

改变性格的过程是很痛苦的。为了适应社会，获得他人的认可，我们不得不抓起一把把粗糙的沙砾来打磨自己的棱角。这个阶段是必需的，是每个人在成长的过程中必经的和不可缺少的。因为若是不好好把棱角磨去一些，在行走的路途中，我们会把别人撞伤，也容易把自己弄得伤痕累累。所以在必要的时候，妥协退让，有所改变，是于人于己都有利的。而这正是对性格的改造。

怎样才能改变性格呢？可根据以下五个原则进行改变。

第一，循序渐进原则。莎士比亚说：“金字塔是用一块块石头堆砌而成的。”优良性格不是短期就可以形成的。同理，不良性格的改变也需要长期不懈的努力。

心理学研究表明，性格是一种相当稳定的个性特征，这种稳定性特点决定了性格的形成和转化只能是一个缓慢的渐进过程。一个一向急躁的人，短时间要变得稳重起来，那是很困难的。一个性格暴躁的人，要变得豁达宽容，也无法一时办到。因此，无论是克服不良性格还是塑造优良性格，都必须坚持循序渐进、从小事做起的原则。

第二，渐变转化原则。性格的特征指标之一是人的情绪，人的情绪对性格的形成和转化具有诱导感染作用。比如，一个性格暴躁的人，可以通过努力培养安定平静的情绪，使自己经常保持心平气和的心境，以促进暴躁性格的渐变转化。

第三，以新代旧原则。改变一种不良性格不是件容易的事。不过可以从改变习惯开始，用新的习惯来改变原有的性格弱点。习惯是性格形成的基础，一个人性格中的很大一部分，实际上是一种已经习惯化的行为方式。

改变原有的性格弱点的方法是培养新的良好习惯去取代旧的不良习惯。比如，一个人向来好胜逞强，经常使自己精神紧张。为此，他就要中止以短期胜败来衡量成绩的习惯，培养长远看问题的习惯。只要持之以恒，不断用新的良好习惯去取代旧的不良习惯，那么优良的性格就能逐步形成并巩固下来。

第四，积累性原则。性格一般可以表现为临时性和稳定性两种状态。稳定性状态始终存在于个人的性格特征之中，而临时性状态仅存在于某一特定的环境和过程之中，一旦环境和条件发生变化，它便不复存在。

比如勇敢，在有些人身上即表现为一种稳定性性格，不论什么情况，他都是勇敢的；而在有些人身上则仅为一种临时性状态，即他只是在某地某时某事上才会表现出勇敢。

当然，临时性状态下产生的勇敢是不巩固的，一旦环境条件发生变化，它就会消失。但这并不是说，临时性状态和稳定性状态是互不相容，不能转化的。如果我们有意识地把临时性状态作为培养良好性格的起点，并使这种状态始终保持下来，积累起来，使之逐步成为稳定性状态，那么，就能达到优化性格的目的。

第五，自我修养原则。性格优化的过程，其实就是一个人自我修养水平不断提高和强化的过程。须要以坚强的意志，进行持久不懈的自我修养，善于抑制和克服不良欲望。

知易行难，改变性格非一朝一夕就可以做到的，这需要我们从小处着手。坚持下去，从外到内地磨炼自己，我们终会改变，从而得到一个想要的人生。

7. 你拥有“成功型”人格特质吗

观察那些取得成就的人，我们不难发现这样一个现象：世上绝大多数的成功人士，科学家也好，政治家也罢，甚至是身边的糕点大师、园艺工人，但凡能在事业上取得杰出的成绩，他们在性格上都是具有某些特质的，与普通人不太一样。

英国著名的精神领域专家凯文·达顿，经过近三十年的苦心研究发现：那些无畏、无情、专注、有魅力、口才好、有强烈自信、不焦虑、不拖拉、喜欢刺激、不在乎别人的看法、追求成就感的人，较之普通人更容易成功。

换言之，成功与“性格”是息息相关的，一个人只要具备了这些“成功型性格”，那么他抵达成功之路终点的概率就更大。

马云，是当下中国最红的大企业家之一，也是白手起家最典型的代表。可以说，从马云的经历来看，他之所以能取得今天这般成就，他不服输、迎难而上、坚韧不放弃的性格起到了关键性的作用。换言之，马云就是达顿口中，成功型性格的代表。

马云初学英语，苦于没有练口语的对象，土里土气的他竟然有勇气走上街头，主动向那些前往当地旅游的外国游客介绍自己，并向他们说出：“能否让我带你参观一下这座城市？我想要练习英语，也想要了解美国文化。”这样的免费“劳力”，马云一干好多年。可想而知，少年时期的马云是何等勇敢，他也因此获得了很多机会。

长大后，考入大学，马云成为了学校里最活跃的那一个人，但凡学校里的大事小事，各种活动，几乎都能看见他的身影。之后，他留校做了英语老师，在此期间，他一直没有放弃自主创业的想法。到美国一游，他发现了互联网的潜力，回国后立刻就动手干了起来。为了支持自己的事业，他敢于蹬着三轮车卖袜子、捡垃圾、收破烂儿。

当他把自己的好友、同事叫到一起，向他们说出自己的想法时，所有人都反对他，他却能坚持自己的想法，丝毫不为外界所动摇，咬牙做自己想做的事。

马云的成功绝不是偶然的，我们不得不承认的是，即使没有阿里巴巴，他也能开创另一个“阿里久久”、“阿里九八”。取得成功的人，大多都与马云相似，是以结果为导向型性格的人。对他们而言，一旦认定了目标，有了自己的想法，哪怕全世界阻拦，他们也会坚定自己的信念，咬牙走下去，不达目标誓不罢休。这就是成功人士的特质之一。

当然，这并不意味着，有了这种性格我们就一定能成功。性格不能决定一切，通往成功的路上，始终少不了努力和坚持，还有不断地学习。但是，如果能培养我们的性格，使我们拥有这些成功者的特质，就能让我们走得更加顺畅。比如，一个坚韧不拔的人，总比一个动不动就打退堂鼓的人要强，面对挑战也更有勇气和能力去克服。

幸运的是，性格是可以后天培养的，也就是说，只要愿意改变自己，理论上我们每个人都可以拥有成功者们的部分特质：自信、顽强、不服输、有毅力、有主见、敢于突破自己、打破传统……那么，具体来说我们要如何塑造自己的性格呢？

要有永不言败的毅力——培养“自信”的性格

自信是一个人的脊梁骨，如果连自己都不相信自己，那么这个人注定只能被打倒在地，没有脊梁骨的人又怎么站得起来呢，更遑论走路、跑步了。胜败乃兵家常事，我们不必将一次、两次的失败过分看重，即使我们屡战屡败也没关系。换一个角度想，屡战屡败很可耻，但屡败屡战就是英雄，别人一样尊敬你。因此，我们一定不能在失败面前退缩，要有重新再战的勇气。哪怕我们战到最后依旧失败，至少我们收获了丰富的经历。

敢于冒险，果断行事——培养“果决”的性格

三思而后行，谋定而后动，这本是至理名言。但对于我们有些人来说，却不适用。性子过于优柔寡断，缺乏做出决策的勇气，这样的人，需要的不是谋定后动，想得越多，就越害怕实际行动，心里会想“万一出现意外”、“万一我想错了”……。任何一件事，只要我们去思考，都能想出一万个“万一”，但只要去做，就会有固定的结果。很多时候，这些“万一”都只是阻碍，我们要敢于打破它们，决定了就第一时间出手，在一定程度上，要敢于冒险。

豪气干云，敢有大梦想——培养“夺帅”的性格

李白说，“饮一口豪气，秀口一吐，就是半个盛唐。”拿破仑说，“不想当将军的士兵不是好士兵。”马云也说，“梦想还是要有的，万一实现了呢。”一个人要先有大的梦想，然后才有奋斗的方向。有人说，梦想太大，只是白日做梦。此言差矣，试问，若你只想一年赚一万元，这样的梦想还需要我们拼尽全力去努力吗？绝大多数人只要稍稍出点力就能达到。

梦想要大，大到除非我们付出全部的努力，不然就不能实现，这样才会激发出我们的潜力和斗志。毕竟，做人如果没有梦想，就和一条咸鱼无异了。

坚韧不屈，永不言弃——培养“坚韧”的性格

想要取得成功，光有努力、拼命劲儿和梦想还不够，还要有

一颗“永不言弃”的心。努力到最后关头却放弃了，拼命劲儿只能保持三分钟，也是什么都干不了的。只有永不言弃，不看到最后的结果，就绝不退后，这样的人才能突破重重险阻，抵达最后的终点。每一个成功的人，都是认死理儿的人，而他们的“理儿”正是他们对目标的坚持。

培养好的性格，改掉那些不好的性格，比如软弱、优柔寡断、经不起失败的考验、遇见困难就打退堂鼓等等，做一个自信、勇敢、果敢、坚持不懈的人。这样一来，我们就有了一些成功的特质，这会让我们在拼搏的路上走得更远，更接近成功的终点。

8. 容易失败的性格有哪些

性格不分好坏，但作用在个体身上，就有了好的结果和坏的结果。如自信、自强，对目标坚定不移，坚持不懈的努力……这些性格都有让人获得成功的特质。相对的，自然也有让人更容易失败的性格，一个人若是具备了这些“坏”性格，再想要成功，往往需要付出比别人更大的努力和代价：

急躁：急躁的人，大多容易失败

什么事情都片面地追求快，想着能立刻得到结果，最好是马上实现，稍微遇到一点挫折和失败，就惶惶不可终日，气急败坏，进而自暴自弃，又或者改旗易帜，放弃之前一切的努力和成果。这样的人就像一个短视的挖井人，总是不停地挖新的坑，每当快要挖到水时，又以为自己“找错地方”了，于是换个地方挖，如此循环往复，永远也挖不到水。

李建业，大学毕业后进了一家国企，本来以他的实力，绝对能混得不错。只可惜，由于他性格急躁，做什么事都希望立刻看到结果，以至于在岗位上待了半年，觉得看不到晋升的机会就选择辞职了，理由是：半年还不能晋升的公司，再待下去只是浪费时间。

做事不可急躁，要有耐心和等待之心，如果因为不能立刻看到结果，就放弃之前的努力另寻他路，那么你将永远停留在“选路”的阶段，而无法将路走远，更别提走到终点。。不是什么事情都要求快的，比起片面的“快”，更重要的是结果，做事讲究循序渐进。

无信：不讲信用，没有诚信之人，容易失败

人无信不立，业无信不兴，国无信不宁。诚信是一个人的优秀品质，也是一个社会、一个国家能够得以稳定健康、持续发展的精髓所在。孟子说：“诚者，天之道也；思诚者，人之道也”意思是诚信是自然规律，也是个人安身立命、为人处世的原则。

不讲诚信的人，即使能骗过一时，也骗不了一世，一旦被人识破他不讲诚信的面具，得到的只有唾弃和灭亡。狼来了的故事，用在任何人身上都是适用的。

河北三鹿集团，作为中国第一奶业品牌，产销两旺的明星企业，为追求短期利益，饮鸩止渴，在奶粉中添加三聚氰胺，导致全国众多婴幼儿致病致死，企业倒闭，领导人入狱，石家庄市相关领导被免职。因为诚信问题，它不仅灭亡了自身，还对国产品牌造成了伤害。一个雄霸一方，近乎呼风唤雨的商业帝国，尚且因为不讲诚信，被人们丢进了垃圾桶，于我们个人而言，更是如此。当下，受金钱、物质欲望的诱惑，许多人大言不惭地叫嚣，老实人已经过时了，讲诚信者是傻瓜。这是最大的谬论，不管在任何时代、任何国家、任何体制，诚信都是一个人取得成功的关键因素，无信者，得不到他人的尊敬。

无毅力：做事只有三分钟热情之人，不可能成功

居里夫人说过：人要有毅力，否则将一事无成。不管在哪个领域，我们想要做出一定成就，必须经过大量的努力和学习才行。没有毅力，做事只有三分钟热情，很可能刚刚把事情做了个开头，就坚持不下去了。这样的人，即使再聪明也无济于事。

赵振峰，人称“赵肥龙”，只因他身高一米八，体重却达到了惊人的230斤。因为体重问题，他与自己心仪的女孩儿擦肩而过，与自己向往的工作失之交臂。悲愤之下，他发誓要减肥。然而，口号喊了几个月，却不见他减肥成功。原来，他每次去健身，都只是刚开始的几分钟有干劲儿，之后就彻底放松了，磨洋工似的胡闹。说要节食明志，结果刚放下饭碗儿就拿起一包零食，美其名曰：今天中午已经节食过了，晚上可以再吃点。

做任何事情，如果不能坚持下去，就毫无意义。没有毅力的人，如果不能改变自己这种劣势，几乎可以预见，即使将来遇见再多的机会，最终也只是镜花水月。

悲观：消极懈怠，负面悲观之人，很容易自我放弃

悲观的人是敏感的，一点儿风吹草动都能让他们展开想象。从某种程度上来说，他们是身具“慧眼”之人。然而，这种“慧眼”没能帮他们振奋斗志，反而使他们失去了拼搏和奋斗的勇气，在别人看来是大好机会的事，在他们眼中却成了失败的标

志。这样的人看什么都觉得前途暗淡，以至于怀疑自己，怀疑人生，怀疑世界，最后自暴自弃。

秦晓云是一个悲观的人，她做什么事都会事先计划，详细分析，谨慎决策。但最后的结果大多是“我可能不行啊，算了，为保险起见，还是不做这件事了，再看看其他的。”有一次，她报了公务员考试，精心准备了很久。没想到，考前一周，她和一位朋友聊天儿，对方透露道，去年的录取线是 130 分，秦晓云暗自算了一下，发现自己有点儿悬，于是心里患得患失起来。最后，临近考试的前一天，她竟然决定放弃，不参加考试了。

悲观之人，在于他们心中计较太多，又过于看重成败，结果一旦发现自己有可能实力不够，或事情的难度超出想象，他们就会打退堂鼓，就会消极地想：唉，反正我不行，努力也是白费力气，不如就这么算了吧。这样的人，很多时候是败在自己手上。

除此之外，其实还有很多其他性格，也容易使人失败，比如无情，现下流行一种观点，认为“成大事者，太上忘情”，就是说，那些干大事的人心里没有感情或感情淡泊，不会为儿女情长所累。殊不知，很多时候，正是这些动人的感情驱动我们去奋斗。眼中没有感情，只有利益的人，最后也只会陷入纯粹的欲望中无法自拔。

性格是天生，也可以是后天铸就。如果我们身上有这些性格特质，不用担心，只要我们有意识地去改变自己，就一定会有希望。努力塑造我们的性格吧，去掉消极、懈怠的“失败型性格”，努力打造我们的“成功型性格”，让我们不断努力，向成功迈进。

Part 2

自我认识，
从认识自己的性格开始

1. 性格是天生的吗——父母的遗传基因对你性格的影响

很长一段时间，众多学者围绕“性格的影响因素究竟是什么”这一问题吵得不可开交。遗传基因派认为人的性格是天生的，父母的遗传基因在一个人性格的形成过程中发挥着关键作用。但后天环境派不干了，他们认为遗传基因派否认了世界上唯一不变的就是变化这一哲学定律，是思维固化的传统主义者，后天环境派认为，一个人出生后的后天环境才是影响性格的决定因素。

其实，双方阵营都因各自观点的绝对化，而导致观点出现了错误。美国明尼苏达大学的研究人员曾经研究了 8000 多对同卵孪生子和异卵孪生子，包括 130 多对在不同的家庭长大的同卵孪生子。他们对这些研究对象进行了深入具体的测试，以便从中了解他们的成长环境，对社会、宗教、哲学问题的看法，并用一系列心理测试判断其职业兴趣、思维能力和性格倾向。结果表明，同卵孪生子的性格相似程度明显大于异卵孪生子。

美国明尼苏达大学得出的结果是，一起长大的同卵孪生子的相关性平均为 0.46，越靠近 0，就表示两个人没有一点相似之处，越靠近1，就表示两个人完全相同，分开长大的同卵孪生子，这一数字为0.45。这说明同卵孪生子的性格相关程度，与他们是否在相同的环境长大无太大关系。分开长大的异卵孪生子的性格相关程度平均为0.26，大约是同卵孪生子的一半，这与他们的遗传相似程度是同卵孪生子的一半相符。

从同卵孪生子和异卵孪生子得到的相关性，可以用于计算遗传差异与性格差异的相关性。平均来说，大约50%的性格差异是由于遗传基因差异导致的，或者说，遗传基因因素对性格的影响大约占了一半。遗传学家把这个数字称为遗传率。如果性状差异完全是由遗传差异引起的，遗传率为1，如果性状差异与遗传差异毫无关系，遗传率为0。其他的类似的研究结果，所得到的性格遗传率，一般在0.2－0.5之间。

由此可见，遗传基因派和后天环境派都是错误的，遗传因素和环境因素对性格的影响大约同等重要。两个人的遗传差异越大，环境越不同，性格差异也就会越大。而两个人的性格相似主要是由于相似的遗传因素引起的，环境的影响很小。

但是我们必须记住，遗传因素和环境因素实际上是无法完全分开的，而是混杂在一起，交互发生作用的。从这个意义上说，区分影响性格的因素有多少属于遗传的影响，有多少属于环境的影响，是不可能的。

简单地说，遗传、环境，以及经常被忽视的随机因素，都对人性有重要的影响。正如达尔文曾经深刻地指出，那些顽固地坚持遗传决定论、认为一切都是天生注定的人，实际上是在推卸社会责任：如果穷人的惨状不是自然法则而是我们的制度导致的，那么我们的罪过就会很大。

罗杰·霍克的《改变心理学的 40 项研究》这本书里也有说：“很多人不愿接受基因在其人格塑造中起决定作用的观点，而宁愿认为真正起作用的是他们在生活中所作出的各种选择。因为前者带有宿命论的味道，无法体现人的‘自由意志’。对那些可能会限制个体在生活中作出决定的意志力的理论，很多人都很反感。因此，他们便趋向于回避或反对行为和人格的遗传学解释。”

随着科技的进步，越来越多的科学家向我们说明父母的遗传基因对孩子的性格影响存在关联关系。遗传学家汉·布鲁纳在 1993 年荷兰奈梅亨大学的《科学》杂志上发表了一篇关于性格遗传基因的研究报告，这篇报告的研究内容对象涉及了荷兰的一个著名家族，他发现这个家族的很多男性成员愤怒阈值比一般的人要低，一些微小的压力挫折都会让他们莫名疯狂，严重的时候甚至会殴打那些激怒他们的人，具有攻击性。

布鲁纳研究分析后发现，他们之所以会形成这种攻击性格，正是因为缺失了编码单胺氧化酶的基因。这种酶可以降解一些包括血清素、肾上腺素和多巴胺在内的神经递质，一旦缺失，神经递质就会在体内积累下来。

1996 年由以色列和美国的科学家组成的研究小组也各自发表声明：他们已经发现人的第 11 号染色体上有一种叫 D4DR 的遗传基因，对人的性格有不可忽视的影响。拥有较长版本的基因的人富有冒险精神且容易兴奋，而长度较短者相对沉默和冷淡。

《整组基因，物种自传23篇》中将它称之为“人格染色体”。

现在，越来越多的人认同人的性格与遗传基因存在关联，在“一个人性格的形成是由先天的基因与后天的环境和经历共同作用的结果”这一结论上达成了一致。

2. 原生家庭给你性格带来了哪些影响

心理学研究早已证明：一个人的童年经历，特别是原生家庭，对个人性格、行为、心理起着决定性的作用，并且会产生长期、深远的影响，甚至会影响一个人的一生。

原生家庭是指我们从小和爸爸妈妈一起生活成长的家，它在一个人的早期生活经历中占主要位置，不同类型的原生家庭，会对孩子性格产生不同的行为结果和影响。

在现实生活中，大多数的父母都不是完美无缺的人，而某些缺点总会在无意识中对孩子的性格造成一系列负面影响。如果原生家庭的父母开明宽容、有耐心，那么他们会对孩子性格的健全带来极其正面的影响。

前几年轰动全国的“药家鑫事件”就证明了原生家庭对一个人的负面影响。药家鑫从小生活在一个不健康的家庭环境里，父母思想狭隘、自私功利，和他没有感情和精神的交流。父亲只与他谈学习，学不好了就挨打，也不深究其中的原因，不分析解决的策略，一味简单地要求学习的结果。母亲在陪他练琴时，也是稍有错误就会对他大打出手。

在这种环境下成长起来的药家鑫，学会了讨好父母，表面上顺从听话，内心却是叛逆和阴郁的，人格逐渐扭曲，没有得到一个健全的培养和发展。

于是，在通往成年人的路上，心理和精神跟不上年龄的步伐，仍像小孩般幼稚而脆弱。行尸走肉一般遵循父母的指令，不反抗也不表现情绪，满足着父母的期待和愿望。

药家鑫年少时膨胀的自我意识被无情地压抑了下去，父母不理解也不同情，他接收到的全是带着负面情绪的指责和命令，这种负面能量长期摧残着他残破的心灵，直至撞上张妙瞬间爆发了内心的恐惧和憎恶，从而诞生悲剧。

在完美主义家庭长大的人，被父母硬性的高要求逼着做超过自己能力的事，不管做到与否，他的情绪都容易焦虑紧张。因为不能犯错，也就不自觉地会在行动前犹豫，胡思乱想事情的结果。也因为情绪牵连，不能享受正在做的事，一旦失手就会自卑。

在过度保护孩子的原生家庭里，父母总是容易对孩子过分担心过度紧张，把孩子该做的都承担过来，剥夺了孩子自己该去体验的经历。也因为被父母拿掉了独立自主和自我价值感，削减了自我意识，这样的人难以很好地立足社会，一旦独自面对挫折就会手足无措，一心想要寻求救命稻草不能独立去解决处理，只想躲进父母的港湾。

和过度保护相反的就是过度惩罚的原生家庭，父母脾气暴躁缺乏耐心，无法控制自己的情绪，轻则对孩子责骂，重则体罚和拳脚相加。这种环境会伤害孩子的生命力，容易自卑不敢得罪人，做事唯唯诺诺锋芒全无，容易变成父母的傀儡。身体遭受来自父母的痛苦，父母的逼迫让其内心产生了对父母的全盘否定和不信任，进而不信任周围的人和世界。

无论我们怎么否定厌恶并想逃离原生家庭，它都已经成了我们的一部分。不幸的经历在带来伤害的同时，其实也会给我们带来一些正面的影响。

犹他大学的心理学教授 Bruce Ellis 曾说：“在逆境中成长起来的人，并不总是需要被修复的，比起总是觉得要修复过去的创伤，更能帮助人们放下过去的，可能是不再用问题视角去看待不幸的经历。当人们知道，不同的经历总会从正面和负面两个方向塑造他们，他们就可以放下过去的伤害了。”

在难以预料父母脾性的原生家庭中，父母自身情感不成熟、情绪不稳定，开心的时候给孩子一颗糖，愤怒时不由分说地责罚，猜不透父母行为和情绪的变化，一方面让我们无法产生安全感的同时也会对周围环境产生一种强烈的不确定和不可预测性，但在另一方面也让我们在面临突发的挑战和改变时，能迅速地做出相应措施的应对，不自觉地训练着我们应对“改变”的能力。

在人生之途中，人们一定会面临的就是难以预料的挑战和改变，对于那些成长在父母温和、情绪稳定的原生家庭的人来说，常常会为了心安不求改变，生活工作中出现的新环境和新变化对他们来说都会是一种压力。但对一直成长在难以预测环境中的人来说，这种变化的压力会更容易消化，被压力影响的时间会更短，程度会更轻。他们更擅长带着压力和不安去改变以获得生存，更能快速地判断时势并做出相应的举动。这间接培养了他们应对复杂局面的能力，也使得他们在之后更能胜任多线程处理不同任务的工作。

因为原生家庭条件的束缚，我们会因为长期的愿望得不到满足而产生匮乏感，但另一方面我们会更容易为自己拥有的东西而感到满足并珍惜，更容易产生幸福感。

正确地看待原生家庭对我们的影响，不全盘否定和肯定，看到积极影响的一面，也能自我化解负面影响的束缚，掌握自己的性格和人生。

3. 你吃的食物对性格有影响吗

有研究表明，人的性格跟饮食有密切的关系，例如蔬菜中钾的含量较高，这种物质可以促进钠排出体外，能够镇定神经，因此多食蔬菜者的性格可能比较温和。又如燕麦中含有使人快乐的物质，常吃燕麦的英国人通常也比较幽默。

德国营养心理学家帕德尔教授发现：某些食物，尤其是香蕉，能帮助人脑产生 5－羟色胺，可使人心情安宁、快活，从而治愈一些精神方面的疑难杂症。

精神病专家卡瑟博士曾经有个叫玛丽的女高中生患者，因终年抑郁寡欢，前来请求卡瑟博士的帮助。卡瑟博士为她安排了饮食治疗，纠正了她喜欢吃玉米类及含碘较高的食物的习惯，让她每天睡前喝一杯热牛奶、吃一块面包或喝一碗小米粥。一年后，玛丽的精神状态明显好转。究其原因，在于牛奶等食物可使人的大脑产生更多的5－羟色胺。

台湾作家林清玄曾说："人总是选着自己的喜好，这喜好往往与自己的性格和本质十分接近，所以从一个人的食物可以看出他的人格。"

有人偏重口，最爱油盐厚重爆炒翻腾，清汤寡水的食物不会进入他们的视线。在家庭饮食习惯的感染之下，重口的人通常性格也比较外向随和，生活中他们开朗率真但也喜欢跟风随大流。

那些一看到甜品店橱窗摆放着整齐美味绚烂的巧克力和蛋糕就走不动步的人，往往也会更加乐观积极，因为甜品类的食物能促进大脑"快乐荷尔蒙"的分泌，容易让人感觉幸福和满足。

还有那些喜欢吃强烈刺激感官的辛辣食物的人，通常给人风风火火的感觉，工作迅猛果断。还伴随着比较火爆的脾气，容易一点就着。辛辣食物会导致血压升高心率加快，但爱它的人视之如蜜糖。

当然，也会有"非主流"口味的人，爱吃又甜又咸、甜中带苦的食物。这类人一般性格内向，喜欢独来独往，看上去有些不好接触，但他们思维缜密，深藏不露。

既然食物可以影响人的性格，那么，我们就可以有意识地借助相应的食物，改善我们性格中的小缺陷和小情绪，在享受美味的同时，还能对身体产生积极的效应。

当我们发现自己周期性地陷入烦躁的情绪时，可以尝试调整自己的食谱，倾向选择富含钙、磷的食物，比如花生、大豆、鲜橙。因为，当人体缺乏钙时，就会引起机能紊乱，及时补充钙质，能够很好地平复烦躁的心情。钙是天然镇静神经、平和情绪的稳定剂。

如果你容易抑郁伤感，那就得赶紧补充色氨酸了。在抑郁症的诱发因素中，缺乏色氨酸是最常见的。当人缺乏色氨酸的时候，就很容易诱发抑郁症。想要改善自己似林黛玉般抑郁伤感的性格，那就要多补充富含色氨酸的食物。比如花豆、黑大豆、南瓜子仁，还可以吃一些含有色氨酸的水果，像香蕉、葡萄、苹果、橙子都可以帮助改善消极的情绪，让人变得轻松愉悦。

多疑多虑的人经常在外形上体现为苍白、瘦弱无力，因为身体对于能量、蛋白质的摄入很少，容易造成体力不足甚至出现贫血的现象。这种人应该多喝绿茶，因为绿茶可以有效放松人的情绪，同时振奋人的精神，使人处于轻松的状态。另外，多吃蔬菜，利用蔬菜中的钾帮助安定情绪，改掉多疑多虑的坏习惯。

食物之所以会对人的性格有所影响，主要在于其所含的营养成分。掌握食物的营养学，为自己的食谱增加更多的可能性。

4. 认识性格才能完善性格

世界上没有两片完全相同的树叶，更没有完全相同的两个人。

我们每个人的性格，都蕴藏着一定的能量，反映着一个独特的世界。性格的作用就像一把双刃剑，既可以帮助人攀爬到“金字塔”的顶端，也可以将人推入万劫不复的深渊。

法国作家让·吉罗杜说过：“从我们的幼年开始，每个人身上就编织了一件无形的外衣。它渗透于我们吃饭、走路以及待人接物的方式之中。这件外衣就是我们的性格。”认识性格，就是要了解自身性格的内涵。一个人只有正确认识自己的性格，全面地看待自己，了解自己性格的优势与缺陷，才能扬长避短形成自己独特的自信心。

早年的曾国藩爱多言出风头，常常因为自以为是而伤害朋友之间的感情。在他父亲的教育和朋友的善意提醒下，他意识到自己性格问题的严重性。他在日记中总结自己的性格缺陷：“苟我素以忠言待人，何至人不见信？苟我素能礼人以敬，何至人又谩言？且即令人有不是，何至肆口谩骂，忿戾不顾，几乎忘身及亲若比！此事余有三大过：平日不信不敬，相恃太深，一也；比时一语不合，忿恨无礼，二也；龃龉之后，人之平易，我反悍然，不近人情，三也。恶言不出于口，忿言不反于身，遑问其他？谨记于此，以为切戒。”

曾国藩提出了“悔缺之道”，即通过反省自己的缺点过错，坚决彻底地加以改正。他不断地在生活中检讨自己，把每天犯错的细节都记录下来再反省内观。从此以后，他在处事待人方面日渐成熟，自以为是的毛病也大有改观，给人留面子这一点尤其成为他以后待人交友的一个重要原则。

完善自我性格是一个漫长的过程，在这一过程中，我们会深入地剖析自己的家庭成长环境和提高主观能动性。每跨过一个正确的认知，它就会作用于自己的外在力量和性格塑造，更是对自我心理健康程度的一次探讨。性格的完善过程，一个人心理趋于成熟的标志就表现为他性格完善的过程。

一个参加过性格色彩培训课的事务部经理耀文，他本身具有红色性格善于沟通和交流的优点，同时也伴随了红色性格脾气不好的缺点，偶尔会对员工发火，说话直接容易让员工产生压力。但通过性格色彩培训课，他对自己的性格进行了有意识地完善。

耀文说："性格色彩培训让我更透彻地认识自己的缺点，在管理中便格外注意调节自己情绪，现在员工有做得不好的地方，首先我会耐心地给他们讲道理，通过事例引导他们，最终达到教育的目的。在日常管理中，黄色性格的人较难管理，争强好胜，我会尽量避免在他们面前表扬其他员工。同时会将团队活动中组织者的角色交给他们扮演，而这些人总能圆满完成。"可见，认识性格才能完善性格，那么，如何更好地进行完善呢？

一是打破思维里的墙，纠正自己的认知偏差。注重自身经历的体验，行千里路读万卷书遇高人，而不是因为别人的错误认知堆积自己思维的偏见。

二是尽自己的力量去帮助身边人，感受能量的传递。在主动帮助别人的过程中，融化自己性格里残留的冷漠，体现自身的社会价值。与人为善中，辨明善恶，中肯地表达对人的看法和态度。

三是有意识地主动去完善自己的性格。完善性格的过程中难免会有性格负面的惯性，很难一下“药到病除”。比如因为自身脾气火爆，很容易遇事就控制不住自己的情绪，伤人伤己。但贵在人可以自我调节，随着一个人认识能力的相对成熟和人格独立自主性的发展，其性格的发展也从被动的外部控制逐渐向自我控制转化。所以有意识地促进这一变化，自觉地确立性格锻炼的目标，就能不断完善现实态度、意志、情绪、理智等的性格特征。

四是保持阳光的心态，积极的情绪。一个人也能乐观地把生活当做奢侈的工作，创造平和愉快的生活体验，长此以往会消解很多性格中的戾气。反之，假如长年累月为鸡毛蒜皮的的事情而生气，就容易形成暴躁、易怒、神经过敏的性格特征。找到情绪的排泄口，排出积压的苦闷，有利于性格的完善发展。

性格没有好坏之分，每个人都是上帝的杰作，只有了解自己，才能不断完善性格上的缺陷，做一个性格健康的人。

5. 如何准确定位自己的性格

庄子曰：“知其愚者，非大愚也；知其惑者，非大惑也。大惑者，终身不解；大愚者，终身不灵。”生活中很多人都没有真正认识自己，不能给自己一个准确的性格定位，从而陷进“愚”和“惑”的状态。认清自己真实的一面，给自己准确的定位至关重要，因为这会影响我们人生方向的深度和广度。

在一次公司同事聚会中，大家吃着喝着突然聊到了关于孩子的教育问题，不同的人有不同的说法，最后产生了意见分歧。邻座的张文凯说他们家的孩子性格内向不爱搭理人，每次有客人来他家，都需要先跟客人们打声招呼，并向对方解释自己的孩子性格内向不喜欢主动搭理人，免得客人心生误会。坐在他对面的李民传回应了张文凯，说张文凯的做法实际上并没有准确定位自己孩子的性格，而是在有意无意中为孩子造就了一种思维定势。向客人解释就等于给了孩子不爱说话的定位，既然家里人都这样认为孩子了，那孩子自然也就默认了。久而久之，这个孩子就会养成不爱说话的习惯。

然后李民传自己现身说法，他说他原来也是这样，没有准确定位孩子的性格。他家的孩子非常好动调皮，人越多越兴奋，从来不能好好安静地待上十分钟，总是会常常做出让他难堪的举动。很多办法都用过了，就连打骂都不见效，这让他非常无奈。

后来有个学心理的朋友来家里玩，没想到居然让孩子陪他聊了差不多一个小时的天，这期间孩子也没上蹿下跳调皮捣蛋。而这只是因为心理学朋友对孩子原来性格的否定，然后再重新定位孩子真实的性格。聪明的孩子不时说出自己的想法，时而发出爽朗的笑声，也没吵着要离开。李民传说看到这种情况的时候，惊得下巴都要掉了。

当一个人准确定位了自己的性格，带着明确的人生目标，怀揣着炽热的理想与抱负前进时，就不会像水面上飘摇不定的小舟随风而动了。否则只会飘来飘去也不会离开原点多少距离，更可悲的是当初和你一起出发的那个人早已走在前方，把你越甩越远了。所以在创造顺遂的人生之前，对自己的性格知根知底准确定位是至关重要的前提。

说起成龙，大家脑海里浮现的词汇大概都是“大哥”、“国际巨星”、“武打”。可是很多人不知道的是，成龙刚出道时也经历了很长时间的沉沉浮浮，当过群众演员，跑过龙套，在电影圈混了十多年还是不温不火，甚至还曾经做过退出影坛的打算。

成龙为了有更好的机会，选择给当红的武师擦车做小弟。擦车时，他甚至认真到用牙签将车缝里的灰尘挑出来。为了吸引新闻界的注意打造出知名度，他不惜挖空心思地歪戴墨镜，搞出位动作。

那为什么幸运女神一直不肯垂青他呢？其实主要原因就在于成龙和他的导演并没有在电影中准确定位成龙的性格，剧中人设性格没有和成龙的性格融为一体，也就不会给观众带来深刻的印象了。

后来多亏导演袁和平注意到了成龙，他觉得成龙虽然身形魁梧、性格粗犷，但是没有那种冷峻、刚烈的肃杀之气，他认定成龙不适合演那类具有叛逆性的英雄，也演不了那种英俊潇洒的正面英雄形象。但他发现，成龙身上有一种与众不同的味道。

袁和平从成龙偶尔的展颜一笑以及克敌制胜后的得意神情中发现了成龙特有的调皮精灵的气质，最后袁和平下了结论，这种带孩子气的调皮极具喜剧色彩，若是让成龙扮演喜剧性的人物一定能成功。

后来的事情，大家都知道了，成龙重新对自己的性格进行定位，一改往日冷面凶悍的“硬汉”形象，取而代之以明朗、诙谐、和善、快乐的面孔，随和、亲切一如邻家之子，深得广大观众之心，受到热烈的追捧，成为影坛长盛不衰的影星。

正确地对自身进行定位，必先要客观地认识自己的能力和所处的地位，但这对大多数人来说并不容易。当局者迷，旁观者清，人很难正确地认识自我，所以要真正地定位自己的性格，还可以多向身边的朋友请教，多修正自己的目标，对自我性格的定位会越来越准确。

6. 给你的性格做个测试

“认识你自己”，这是几千年前古希腊奥林匹斯山上的德尔斐神殿里的一块石碑上的碑文。一直到现在，人们都在“认识自己”的过程中努力着。认识自己当然少不了对自己性格的定位，那么，你知道自己属于哪种性格类型吗?

目前，性格测评应用最广泛的是 MBTI，该指标是建立在瑞士心理学家荣格划分的 8 种类型的基础之上。

瑞士心理学家荣格认为：感知和判断是大脑的两大基本功能。大脑做决定的瞬间可以慢动作分解为两个阶段：第一，感知阶段；第二，判断阶段。感知阶段，又可以分为触觉感知阶段和直觉感知阶段，而判断阶段又可以分为感性判断阶段和理性判断阶段。

虽然每个人的大脑做出决定的瞬间都要走这四个流程，但是不同的人在其中某个环节中的倾向程度不同：有些人更倾向停留在触觉感知环节多一些，而直觉感知一带而过；有些人在判断环节，更倾向停留在感性判断多一些，理性判断一带而过。

此外，美国心理学家还提出，大脑的这两大基本功能，还受到每个人的精力来源与生活方式的影响，最终的决定结果就千差万别了。经过多年的实践和不断优化，荣格的人格分类理论，已成为目前国际上有数据支撑的性格分类模型的理论基础。

MBTI 性格测试分为四个维度：外倾和内倾、感觉和直觉、思维和情感、判断和知觉。四个维度如同直角坐标系的四大象限，每个人的性格都由四个象限中的不同数字组成，不同的数值靠近不同的端点，也意味着不同个体之间有不同方面的偏好。

第一，思维和情感：区别在于对事物判断的标准

思维型的人处理事情，喜欢退后一步思考，对问题进行客观的、非个人立场地分析，重视符合逻辑、公正、公平的价值，对它们一视同仁。常常容易被认为冷酷、麻木、漠不关心，但思维型的人会认为坦率比圆滑更重要。只有当情感符合逻辑时，才认为它可取。会被“获取成就”所激励，也会很自然地看到缺点，倾向于批评。

第二，外倾和内倾：区别在于心理能量聚焦于外部还是内部

外倾型的人更倾向于将注意力和精力投注于外部世界，他们在与他人相处时精力会更加充沛，行动先于思考，喜欢边想边

说，喜欢随意地分享个人情况，说的多于听的，高度热情地社交，反应快，喜欢快节奏，心理能量的获得途径和与外界相互作用的程度都重于广度而不是深度。

内倾型性格的人，只有在独处的个人世界里，才会更加惬意放松和保持精力的充沛，思考先于行动，会在心中思考问题，更愿意在经过挑选的小群体中分享个人情况，听的比说的多，不喜欢把兴奋说出来，仔细考虑后才会有所反应，心理能量的获得途径和与外界相互作用的程度更喜欢深度而不是广度。

第三，判断和知觉：区别在于对信息的处理方式

这一点从平常的聊天交流中就可以看出来，比如，判断性格的人，当我们约定他们晚上6点聚餐，结果迟到了，抢不到位置了，他们更倾向于“没事，再等等”。知觉型的人，面对这种情况，可能就不会再等等了，他们会干脆寻找另一件事情去做。这样的人更像小时候的孩子王，点子比较多，变化比较灵活。

第四，感觉和直觉：区别在于获取信息的方式是感官还是推理

感觉型的人相信确定和有形的东西，对概念和理论兴趣不大，除非它们有着实际的效用，重视现实性和常情，喜欢使用和琢磨已知的技能，留意具体的、特定的事物进行细节描述，循序渐进地讲述有关情况，着眼于现实，在接受信息上喜欢深度而不是广度。

直觉型的人相信灵感或推理，对概念和理论感兴趣，重视可能性和独创性，喜欢学习新技能，但掌握后很容易就厌倦了。留

意事物的整体概况、普遍规律及象征含义，然后用概括、隐喻等方式进行表述，跳跃性地展现事实，着眼于未来，留意事物的变化趋势，习惯于从长远角度看待事物，在接受信息上重于广度而不是深度。

情感性的人喜欢超前思考，会考虑行为对他人的影响，重视同情与和睦，重视准则的例外性，会被认为感情过多，缺少逻辑性，比较软弱。情感型的人认为圆滑比坦率更重要，无论是否有意义，认为任何感情都可取，会被“获得欣赏”所激励。惯于迎合他人，着重维护人脉资源。

Part 3

内向的性格真的不如外向吗

1. 内向不如外向是谬论，不必为自己的性格自卑

当我们听说一个人性格外向的时候，大多会想到他不但善于与人交往，而且阳光、开朗、乐观、自信，在任何场合都放得开、很受大家欢迎。

但是当我们听说一个人性格内向的时候，总会单方面地认为，他们的性格应该是忧郁阴暗、懦弱、自卑，与人交流时沉默寡言。反正对于外向的人，好像一切好的词汇都应该用得上去，而内向的人只能接受那些消极的词汇。但是，事实真是这样吗？

美国 NBA 篮球巨星科怀·莱昂纳德是联盟里公认的“面瘫脸” + “训练狂”。他性格内向，不爱与人交流，就连他所在的马刺队主帅波波维奇也认为，莱昂纳德太内向了，他只知道训练，不怎么和大家说话，但是他对篮球却有着超乎常人的喜爱和执著。

从他进入高中球队开始，他几乎以一人之力带起了整个高中球队，尽管他的生活依旧沉闷。进入 NBA 以后，他依然保持着自己的那种内向性格，队友曾经面对记者的采访说：“想让莱昂纳德笑一下几乎是不可能的事。”他每天除了吃饭睡觉，就是在球馆拼命地练习投篮、突破、防守来提高自己的技术和对抗水平。

2014 年，马刺队在他的完美表现和队友的出色发挥下完胜当时的夺冠热门热火队，就是这么一个年仅 23 岁的内向的人，拿到了代表 NBA 的最高个人荣誉——FMVP。

这类人往往会很专注于自己喜欢的事情，更加单纯，并且对于外部的影响也会看得很淡。比起外向的人，内向者不是没有创造力，而是他们创造的东西可能只有自己才会看得见。

喜剧之王周星驰在荧幕内和荧幕外判若两人。电影里他饰演的各种无厘头角色都是满嘴歪道理，时不时还会来两句标志性的“哈哈哈”。但是在现实生活中，星爷则是一个很内向的人。他在接受采访时不苟言笑，生活中很少参加各种聚会。但他的内向让他可以不顾周围人的不满或者批评，按自己心里的理解去出演或者拍摄电影。从而塑造了一个又一个经典的电影角色，拍摄了一部又一部经典的电影。

一个性格内向的人不会像外向的人那样把精力过多地用于外部世界，沉浸在与外界的联系中。内向的人更多地在意自己的内心世界，沉浸在自己的想法或者情绪中。而这种专注正是引领他们走向成功的秘诀。

但是也应当警惕，如果内向过度，极易产生自卑心理。性格内向并不是缺点，但是如果过分地去在意自己的内向，每天自怨自艾、怨天尤人就会慢慢地迷失自己的方向并且对自己丧失信心。

如果你是一个内向的人，请忘记那些贬义、消极的描述性词汇。就像你喜欢的那样，专注于自己的内心世界不为外界所干扰，努力地去探索你心中未知的领域，去创造你想要创造的新奇世界，让自己内心世界的新奇想法可以在现实生活中绽放出美丽的花朵。

在这个浮光掠影、甚嚣尘上的社会里，充斥着太多的浮夸和伪善，当人们都在努力去做到周围人心目中的完美人设的时候，往往会忽略了自己内心最真实的想法。其实不论是内向还是外向，总的来说并没有褒贬之分，性格决定的不是一个人的人生，而是他的生活方式，当你真正发现自己喜欢的领域并为之专注和奋斗，那么你才算是成功。

2. 相比冒充外向人，真实的你更有吸引力

E·埃里克森在《同一性危机》中说："自我认同是一种精神朝内的关注。"虽然在心理学中，性格内向和外向各有各的优势，并没有好坏或者褒贬之分。然而在现实生活中，大部分的人认为外向的人才合群，更容易沟通和交流，而内向人的沉默寡言和安静处事则与社交格格不入。为了迎合身边的人，很多本身内向的人选择用一张活泼、外向的"面具"来掩饰自己的本来面目，这也就是所谓的冒充外向人。一个内向的人假装外向，不但会让周围人失去认识真实的你的机会，也会让自己失去本来所拥有的内心宁静。

万怡是一个性格内向的女孩，每当身边有人说她不善交流的时候，她总会感到苦恼。她很羡慕那些谈吐大方、阳光开朗的人，总想把自己的内向性格改掉。于是她开始主动和陌生人说话，在同学面前抓住话题就侃侃而谈，开始参加各种学校组织的

活动。然而这番努力却始终不见成效，她不仅没有变得外向，还总是感到身心疲惫。

终于，她无计可施了，只能找心理老师。老师听了她说的话以后，笑着问她：“你这样不累吗？为什么不勇敢地做自己呢？”她这才明白自己的问题其实并不是内向，而是因为她不能接受真实的自己。

想通了这些，她开始重新审视自己。她反复告诉自己：“我这个人真诚实在，懂得反省自己，专注力强，虽然我没有很多朋友，但我的朋友都对我是真心的……”，这种暗示逐渐变成了一种习惯，她也渐渐察觉到了那些被自己忽视的优点。再之后，这个曾经精神萎靡的女孩的风貌焕然一新。她不再去刻意地纠结自己的性格是否太过内向，与别人沟通也变得越来越大方。

后来在一次联谊会上自我介绍时，她说：“我是个内向的人，但我并没有觉得内向有什么不好。”身边的人听了以后惊讶地说：“你还内向？我们怎么看不出来？”对此，万怡感叹道：“好奇怪，承认接受自己内向了，别人却不认为你内向。”

内向的人喜欢沉思，阅读，写作等能体验内心世界的事情。就像外向的人更擅长演讲、运动、旅行等体验外部世界的事情。性格内向只是影响了一个人生活方式的不同，而不是彻底否定了这个人的人生。我国著名思想家道家鼻祖老子曾说过：“知人者智，自知者明。”

由此可以看出，一个人的可贵，并不在于别人对你有好的评价，而在于你可以认清并且接受真实的自己，并把真实的自己展现给别人。对于许多性格内向的人，缺乏勇气这个弱点是应该克服的，但克服这一点的前提是要接受并且去欣赏自己，在这种前提下再去表现自己会有意想不到的效果。

为自己性格内向而烦恼的人，其实应该感谢上帝赐予了如此重要的个性。因为不论是社交还是学习、工作，都可以通过后天而体验到。而对自己内心的关注则是内向人天生的优势，也正是由于这些优势，比尔·盖茨才造就了他的微软王国；J·K·罗琳才写出了她的《哈利·波特》。正是因为他们敢于接受真实的自己，愿意将真实的自己展现给他人，才取得了斐然的成就。

主导起草《世界人权宣言》的埃莉诺·罗斯福有一句名言：与自己做朋友是非常重要的，因为不能跟自己成为朋友的人无法跟世界上的任何人成为朋友。不要总是尝试改变自己，做最真实的自己才是最重要的。

戴着面具的人是无论如何也不会让人看到最真实的自己，甚至到最后自己也会迷失本来的方向，身心俱惫。

性格外向还是内向都有各自的优势，就像睡觉一样，睡的姿势有很多种，但是能睡着才是最重要的。人贵在找到内心深处最真实的那个自己，如果有一天，你发现镜子里的那个人从里到外都是那么的美好，你就会找到真正的快乐。

3. 内向不等于不善交流

许多人认为性格外向的人在任何场合与人沟通交流时都能做到如鱼得水，谈吐自如；而性格内向的人相对来说比较木讷寡言，不善言辞。甚至有人在心里自然而然地把内向的人等同于不善于交流的人。性格内向或许真的会影响与人沟通的能力，但是性格内向一定不等于不善于交流。

当代著名导演李安，唯一的一个华人奥斯卡奖项获得者。他是一个典型的性格内向的人，用他自己的话说就是："做其他的事做的都不太灵光，人也很内向，但就是很奇怪，拍电影总能做到最好。"导演是一个需要与很多人进行沟通的行业，像演员、编剧、制片人等等，而内向的李安并没有在沟通中出现任何障碍，甚至还因为他为人沉稳、内敛而显得很有亲和力，从而让剧组的所有工作人员都乐意和他进行沟通并听从他的安排。

而与李安合作过的演员无不夸赞他对演员的指导能力。诸如赢得英国电影电视艺术学院年度英国电影人奖的凯特—温斯莱特曾经这样评价李安：在《理智与情感》中，我扮演的玛丽安·达什伍德有非常细腻的情感。为了表达这些，我需要做的是静下心来，是李安导演让我做到了这些。

内向只是说明一个人可能不太喜欢主动与人交流，或者说内向的人不屑于去进行他们认为没有营养的交流。他们会用较多的时间冷静、客观、深刻地观察和思考问题，他们对问题的理解往往要比性格外向者更独到，也更透彻。

生活中，性格内向的人最不善于的就是在公共场合的交际，因为他们不像外向的人那样善于开玩笑。但是在私下里和自己的知心朋友或者其他需要发言的场所，性格内向的人往往也会说出自己的想法。就像美国原第一夫人埃莉诺·罗斯福一样，她虽然是一个性格内向的人，但是不论是在演讲的时候还是接受采访的时候，她都能做到言辞流利、谈吐得体。一个不排斥沟通的内向的人往往要么不说话，要么说出来的话都在重点上。

性格内向，仅仅意味着我们不能很快与周围的人打成一片，但内向有内向的优点，比如善于倾听，待人真诚，在人际交往中会给人踏实、稳重、靠谱的感觉。

王峰在洗车行工作，他性格内向，不爱说话，但无论是同事还是客户与他的关系都不错，他甚至还交了几个做生意的朋友。

其中一个私企老板说："我每天都在生意场上和竞争对手唇枪舌剑，在公司内部也是尔虞我诈，许多好听的话根本分辨不出来是否出自真心，到最后弄得身心疲惫。但是和小王交流，感觉完全不同。他虽然不爱说话，但是乐于倾听，为人也老实本分，有些话总是不由自主地想说给他听。"

王峰的同事也说，和他相处很轻松，你给他讲一件事，他不会随意发表评论。更重要的是有些知心话和他说了，他也不会到处嚼舌头，让人放心。

其实性格内向的人并不是不善于与人交流，而是因为他们更倾向于沉浸在自己的内心世界中，这导致他们不像性格外向的人们那样更倾向于沉浸在与外部世界的沟通中。内向的人往往没有很多朋友，但是他们交到的每一个朋友都能很准确地知晓彼此的内心，也就是所谓的知心朋友。

沟通是一种能力，它并不是与生俱来的，而是要通过锻炼来不断提高。伟大如美国总统林肯，他是一个性格内向，不善于交际的人，但是通过不断的努力，他也同样能发表各种鼓舞人心的演讲。再如我国伟大的周总理，也不是那种性格外向之人，但是周总理的沉稳反而在多次国际会议上展现了他举止得体，谈吐大方的气质。

性格内向的人并不等于不善于交流。内向的人，内心更充实，看待问题更全面、更透彻。在日常生活中，如果能够勇敢地去锻炼自己，同样可以在需要发言的时候拥有亮眼的表现。

。

4. 内向不等于社交恐惧

社交恐惧症是一种以过分惧怕社交活动为主要表现的神经症，患者会极力地回避社交，并伴随明显的恐惧和焦虑，甚至影响正常生活。

张梓宇是家里的独生子，性格内向，家里人对他期望很大，但是高考时由于发挥失常使他产生了强烈的自责感，后来变得与人交流也有很大障碍，一跟人说话就脸红冒汗，不敢正视对方，好像做了亏心事一样。

后来张梓宇鼓起勇气去看心理医生，才被医生告知，他患的是典型的“社交恐惧症”，这种病症不仅影响患者的基本社会交往功能，甚至个别人还会有轻生的念头。

社交恐惧症在医学上是一种病症，而内向，在心理学上是一种倾向，而“病症”和“倾向”是不同的。

由于社交恐惧症的讯息还不是很普及，大众也对此一知半解，再加上内向的人一样不太爱好社交，因此很多人会误将内向的人等同于社交恐惧症患者。事实当然并非如此，内向的人在社交活动中，也能发挥出自己的优势，并且交到很好的朋友。就像台湾著名作家罗兰曾经说过：要把同道的人当做朋友，而不必把同利的人当做朋友。很多内向的人在交际过程中就是遵循这样的原则。

刘明杨从小性格内向，不爱往人多的地方凑，但是对文学作品却有着超乎常人的喜爱。上大学后，没有了老师的高压，他有了更多时间去享受阅读和写作的快乐，他每天待在图书馆里，阅读各种各样的书籍，眼界和文学素养也在潜移默化中得到了很大的提升。

他开始投稿，他的文章出现在了学校的报刊和杂志中。也因此，很多和他一样性格不太外向却有相同兴趣的人开始聚集在他身边。大学有很多的聚餐和社团活动，当别人都在为了拓宽自己的人脉而东奔西走时，他们就利用这些时间来一起讨论故事情节、剧情发展甚至还会去一个安静的地方进行一些摄影。直到最后他们几个人一起完成了一本书的编写，投到某出版社，意外地受到了一个知名编剧的夸赞。从此，这几个内向的在外人眼里看来与社会格格不入的人，成了学校里的名人。

社交恐惧症患者是自己无法也不敢和外界接触，而内向的人只是不喜欢或自己不想与外界接触。但是内向的人往往可以幸福快乐地生活。这是社交恐惧和内向的区别。

内向的人往往不会跳出来反驳别人的想法，经常默默地做着自己的事情，交往着自己的朋友，过着自己的生活。

文学大家爱默生曾经说过：一个人的朋友就是他自身所具有的吸引力。内向的人看似不利于交流的特质有的时候反而是社交中的一种优势，他们往往不是通过谈天说地、大侃特侃去交朋友，而是通过自己的兴趣、爱好去吸引有着同样喜好的人，这也是为什么内向的人虽然朋友不多但大都志同道合、彼此知心的原因。

对内向之人而言，朋友就要像古代的伯牙、子期，不需要说太多的话，却能想对方心里所想，这样的朋友才是他们需要的朋友。如果我们有这样的朋友，实乃幸运。

5. 沟通中，会听比会说更重要

有的时候，在沟通中，对方需要的并不是建议而只是想把自己的烦恼或者想法倾诉出来，太爱说话反而变成了一种不好的行为。就像当代著名主持人柴静说的那样：我打破沉默的方法就是忘记自己，去倾听他人心底的沉默。

在美国南北战争中，因为是否解放黑奴的问题，各政客意见不一的情况让当时任美国总统的林肯很头痛。

有一天，他给住在伊里诺斯州一位性格内向的老朋友写信邀请他前往白宫，说想和他讨论一些问题。这位老朋友收到信来到了白宫后，林肯对于发表解放黑奴的声明是否可行的问题和他探讨了几个小时。

其实所谓的探讨，就是林肯自己滔滔不绝地说了数个小时，这位沉默的老朋友只是默默地听着，时不时地对满脸愁容的总统先生微笑示意自己在听。

最后，林肯和他这位老朋友紧紧地握了握手，然后送他回家。那个老朋友回忆说："他在说完那些话之后，整个人看着似乎感觉好了很多。"

苏格拉底曾经说过：上帝给了我们一张嘴巴，两只耳朵就是让我们多倾听少说话。倾听的重要性不言而喻，在人际交往中，一味地表达自己有时候并不能给自己加分。

倾听是一种了解对方的方式，当我们认真倾听对方的话时，尽管内向的我们没有说什么话，但是从对方的话语中，我们可以了解他的性格、态度等方面的信息。从而让我们在以后可以有针对性地与对方交往。

倾听也会给人留下好印象，一个善于倾听的人往往会让人感觉他对讲话人的意见和看法很重视，从而让讲话者产生愉快的心理，这有利于友好的人际交往关系的建立。时间久了，内向的倾听者身边反而有很多知心朋友，因为他们在聊天过程中不知不觉就对内向的倾听者产生了好感和依赖。

最有影响力的人生导师戴尔·卡耐基关于沟通有一句名言：做一个善于倾听的人，鼓励别人谈论他们自己。而他自己也做到了这点。在一次晚宴上，卡耐基无意间遇到一位热爱旅游的女士，这位女士问他："卡耐基先生，我知道您到过很多地方，可不可以给我讲一下您所游览过的名胜古迹？"卡耐基听完后细心地给这个女士讲了起来，讲了一会儿，那位女士说，她和她丈夫去过非洲。卡耐基听到后停止了讲解，转而问那个女士："可不可以请您讲解一下您游览过的非洲？"女士听完后，兴高采烈地讲解了起来。之后的几个小时都是卡耐基微笑着倾听而女士开心地讲解，他还会时不时地询问一下女士和她丈夫游览的心情。宴会结束后，那位女士高兴地和卡耐基说："您真是我遇到过的最绅士，最值得交的朋友！"

倾听是沟通中必不可少的环节，不管是朋友之间、师生之间、上下级之间，父母与孩子之间以及爱人之间的沟通都需要倾听。不善于倾听只是一味地发表自己意见的人往往会失去很多学习的机会。

内向的人在倾听方面有得天独厚的优势，他们虽然不喜欢说，但是他们会用心去听，听每一个人的声音。当你需要一个倾听者时，内向的人会是最好的选择。如果你需要什么意见，内向的人在倾听过程中不断地思考和斟酌后也许会给出比较好的建议。

杰克乌弗在《陌生人在爱中》里所写：很少人经得起别人专心听讲所给予的暗示性赞美。当整个社会都在努力地把自己的想法和心事说给别人的时候，内向的我们不妨安安静静地做一个倾听者，在嘈杂的世界里，努力去守住自己心灵上的那份宁静和安详。

6. 内向人"嘴巴严"，给人感觉值得交心

明朝学者冯梦龙有一句诗：春风满面皆朋友，欲觅知音难上难。可以理解为想找到朋友很容易，可是要寻觅知音就难上加难了。

不论是当你遇到挫折、困难想要倾诉或者是感到喜悦、满足想要分享的时候，拥有知心朋友往往是一个人融入社会必不可少

的条件。

内向的人虽然社交能力不强，但往往对人很真诚，值得信任，更是出了名的嘴巴严。嘴巴不严的人经常会因为自己说了不该说的话而给自己带来麻烦。

北宋名臣晏殊是一位具有较高保密意识的人。宋真宗时，晏殊担任知制诰一职，主要负责起草诏令，通俗地说也就是外朝一名重要的秘书工作人员。

一天，宋真宗宣晏殊入宫，交给他一份任命名单，让他按照名单上不同人对应的内容草拟制书。晏殊看罢，慌忙跪在地上对真宗说："臣是外制，不敢僭越。"

原来，从唐后期至两宋时期，由中书舍人或知制诰草拟的制书称为"外制"，由内廷翰林学士起草的制书称为"内制"。晏殊称自己是外制，以示不可破坏制度。宋真宗觉得有理，便找来另外一个翰林学士起草制书。晏殊见状，又向真宗上奏："臣已经知道了制书的内容，担心出宫后会泄露出去，臣请求在学士院借宿一晚，明日再出宫。"宋真宗听完后，对晏殊的保密意识大加赞赏，并且准许了他的请求。第二天制书发出，晏殊惊奇地发现，他所看到的内容竟与昨天在宫中见到的完全不同。虽然觉得奇怪，但出于职业操守，晏殊始终没向任何人提这件事。

一个"嘴巴严"的内向人虽然短时间内可能不会为人所知，但是一旦被人所了解，就会有更多的人愿意与之结交。谁都有藏在心里的事儿，也都有憋不住的时候，当他们想把自己的心事说给别人听时，一定不希望闹得众人皆知，而性格内向的人往往会仔细倾听然后保守秘密。

犹太人有一句名言：听到秘密很容易，但要将之保存下来则是很困难的。这个出过爱因斯坦、卓别林等性格温柔的大师的民族，对“嘴巴严”有着近乎苛刻的坚持，也正因为如此，在经历了残酷的洗礼后，这个民族得到了全世界的尊重。

李林进入一家汽车制造公司工作。他工作努力，性格活泼，和谁都能夸夸其谈，一时间在车间内很受欢迎。一次放假的前夕，李林路过经理办公室门前，无意间听见经理开会说由于市场需求过大，公司打算取消员工假期，大家留下来赶进度……。话还没听完李林就急匆匆跑到车间，把这个消息告诉了在场的员工。员工听完心里都很不开心，于是大家就聚集到办公室门前。秘书一看这形势，连忙汇报给经理，经理听完事情的始末后问员工们：“谁告诉你们的？”

知道是李林偶然偷听到后，经理很愤怒地说：“开会只是讨论要不要加班，刚才本部来电话说，供应量已经够了，已经结束了讨论。你怎么能不问清楚就乱散播消息呢？”虽然李林只是受到了训斥，但员工们对李林的看法已经变了，都认为他是一个“大嘴巴”的人，也没有人敢和他深交了。

想要和别人成为真正的朋友，首先能够管住自己的嘴巴。只有在帮助别人保守秘密的前提下，才会赢得别人的信任，而信任是与别人建立良好关系的基础。但是在现实中很多人都有这样不好的习惯：当亲近的人对他说了秘密以后，这些人有时候会为了讨好别人而“出卖”这些秘密。久而久之，这样的人就会失去最亲近的朋友，而别人也会因为这种人嘴巴不严而对他敬而远之。

性格内向的我们往往不会拿亲近之人的秘密到处和别人说，

也因为如此，内向的我们往往会在人群中拥有几个乐于交心的真朋友。没有酒桌上过多的喝酒吹牛，也没有球场上过多的喧嚣吵闹。内向的我们只会静静地坐在对方面前，听对方把想说的说完，然后一起去散散步，就好了。

7. 电话总不响，你就主动打出去

在人际交往中，内向人总是比较被动，这是不争的事实。不论在工作中还是生活中的其他方面，如果把人际关系比喻成两人通电话，那么内向的人永远都是那个听到铃声响起，接电话的人，而不是那个拨号者。

这就决定了内向的人是被动的，我们不能保证，对方每一次拨打电话的对象，都是我们。不主动出击，我们的电话可能永远也不会响起。

在外人看来，晨楠是一个人缘很好的女生，她有四五个特别要好的闺蜜，还有一群见面可以打招呼的朋友。但是只有她自己知道，有的时候她还是会感到很孤单。

原来晨楠这个人很会照顾别人的感受，所以很多人都会找她诉说心里的烦闷，一来一往，也就结识了很多朋友。但是她这个人性格很内向，每次都是等别人会主动来找，却从来不主动与别人联系。但在她心里，那些朋友们对她很重要。要是一直没有人来找她，就会变得很苦闷，以为是别人不再需要她了。

也因为如此，以后再见到对方时，晨楠往往会摆出一副初次见面很客气的模样，完全没有了当初那个认真倾听的女孩的样子，从而也失去了很多好朋友。

此外，和人交际聊天的时候，内向的人如果太被动，任由其他人找话题，很可能会导致自己完全搭不上话。因为人家找的话题，可能自己根本不熟悉，这样就会变得不知道该说什么。但如果是自己主动找话题，那就不一样了。我们可以找自己熟悉的话题，同时兼顾一下在场的其他人，让这个话题覆盖尽可能多的朋友，让大家都有得聊，那么此时内向的我们在别人眼中就变成了一个非常会交际聊天的人了。因此，与人沟通时，内向的我们更应该主动挑起话题。

除了在交际中，工作学习中也是一样，内向的我们要做一个主动的人。世界首富比尔·盖茨曾经要求过他的员工："要积极主动地去做事，积极主动地去提高自身的技能。"很多时候，如果内向的我们可以更加积极主动一点，往往会得到好的结果。

美国有个叫琼斯的年轻新闻记者，他是个性格内向并且极为羞怯怕生的人。有一天，领导叫他去访问当时著名的大法官布兰德斯，琼斯听后大吃一惊，连忙说："不行不行，他根本就不认识我。"在场的和他关系很要好的一个同事拿起电话就拨通了对方秘书办公室："您好，我是明星报的记者琼斯，我奉命采访布兰德斯法官，不知道他今天能否接见我几分钟？"琼斯一听吓坏了，在旁边恨得大骂："你怎么能提我的名字？"这时电话里已传出声音："一点十五分，请准时。""琼斯先生，你的约会安排好了。"同事滑稽地耸了耸肩，而琼斯一下子愣住了。出乎他的意料，采访很成功。

“那一刻是我二十几年来学到的最重要的一课。”成名以后的琼斯在回忆起当时的情景总会说这句话。

内向的人有时往往会还没有做这件事就开始否定自己，认为自己无法做到，其实这不仅是对自己的否定，也是对自己的不负责任。试想假如一个推销员，每天都在被动地等着客户主动打电话来订货，这现实吗？只有自己主动拨出电话，才有可能得到回报，如果只是被动地等待，那么连成功的可能性都没有。内向的我们本来就已经拥有了很多的优点，如果再主动一点，往往会在工作和学习生活中取得很好的成绩。

率先伸手，争取主动，要想让一个人尽快与自己从陌生走向熟悉进而成为朋友，首先要丢弃等待的态度，率先发出对他人的友好信号，因为处于主动地位的人总是比处于被动地位的人容易得到朋友。此时要想到：内向的我们在别人面前是陌生的，别人在我们面前同样也是陌生的，心理都是一样的——渴望得到友谊而又感到有些拘束。在这种情况下，如果内向的我们首先积极主动地伸出友谊之手，那么我们就成功了一半。

不论在人际交往中，还是在学习工作中，内向之人都应该多些主动。不要只是被动地等待别人联系你，有时候，主动联系别人，会让你的人际关系变得更加稳定。

做一个积极主动的人，尤其是在和人打交道的时候，不要轻易放弃找话题的主动权。精英的销售为了和客户搭上话，会主动探知客户感兴趣的话题。我们也该如此，主动出击，让人们兴奋起来，进而喜欢和我们聊天，喜欢和我们交朋友。

8. 如何消除与陌生人相处的紧张感

由于骨子里天生向内的情绪和谨慎的性格，使得内向的人在与陌生人的交流中往往会有一种显而易见的紧张。而这种紧张，有的时候不但会使双方的交流变得不怎么愉快，也会在很多场合产生尴尬的气氛。

林轩是一家高尔夫球会的销售员，由于工作需要，每天他都需要通过登门拜访和电话预约的方式接触大量陌生的客户。

但是他的性格很内向，每次给客户打电话或者是面谈介绍产品时，他都会产生一种紧张的情绪。甚至会不由自主地出现脸红、手心冒汗、心跳加速等生理情况。

这让他的注意力无法集中在产品介绍和说服客户上，转移到了想要赶快结束这场糟糕的对话上了。接下来的交谈往往会变得很不愉快，最终不欢而散。这种情况导致他的业绩很难完成，经常遭到老板的批评。

内向的人，与人沟通的时候，往往会从心底生出紧张和焦虑的情绪，以至于不愿意主动和身边的人去进行交流，面对陌生的人时，尤其如此。有时产生这种紧张不是因为我们不如别人，只是因为内向的我们太过于注重完美而导致与人接触时会没有自信。

为了建立这种自信，在平常应该多给自己一些积极的暗示，比如做一件事情之前告诉自己“我不比别人差，我也能做得很好”、“我会很好地完成这项任务”，比如在平时与人接触时告诉自己“我是个很有吸引力的人”、“我说的话大家都爱听”等等。这些积极的暗示，会帮助自己在与人交往中慢慢克服紧张的情绪。

此外，与人相处时面带微笑也能帮助我们消除紧张感。微笑不但是一种人与人之间传达善意的工具，也会让内向的人在与陌生人沟通时，增加自己的亲和力。面带微笑地与人交流不仅可以显示自己对对方的尊重，也显示了自己与对方交谈时的自信和不怯场，从而给对方留下好印象，进而让我们在与人沟通时消除紧张的心情。

在与人交流时，有时候直接向对方袒露自己紧张的情绪，比佯装镇定好得多。就像做销售工作，当面向客户时，我们可以直接向对方表示，“先生，与您第一次接触我很紧张”或者“由于我对您很仰慕，初次见面我感到很紧张”。有时候主动向对方说明自己的紧张情绪，自己的紧张情绪也会因为说出来以后慢慢减轻。

克服面对陌生人的紧张感最重要的还是要敢于主动与人交流，就像著名喜剧作家萧伯纳，在年轻时非常胆小、害羞、不敢当众讲话。甚至有朋友请他吃饭，他会在人家门口徘徊良久才敢按下门铃。一次学术研讨会上，一位朋友请他上台演讲，结果他非常紧张、非常狼狈地结束了自己的演讲。

为了克服这种不好的行为，萧伯纳开始主动与人沟通，拼命练习自己的演讲技巧，最终成为了一流的演说家。主动与人交流没有坏处，甚至会是我们向对方学习的机会，因为内向的我们更会去关注一些细节，去总结一些经验，从而可以让我们在与别人的沟通中获得更多的感悟。

内向的人心中常常会住着一个叫做“自尊”的小怪兽，也正因为它，很多时候，我们因为怕丢脸就缺乏与人交往的勇气。

大文豪列夫托尔斯泰曾说过：与人交谈一次，往往比多年闭门劳作更能启发心智。思想必定是在与人交往中产生，而在孤独中进行加工和表达。

主动地与人沟通，把自己的特质展现给对方，不仅会提高我们与陌生人沟通的能力，也会让我们在多次交流中逐步消除面对陌生人的紧张和焦虑，从而更好地进行社交。

任何问题都有它出现的原因。与陌生人交流时，内向的人会感到紧张也一样。当我们真正找到为什么会紧张的原因的时候，勇敢地面对它，然后通过适当的方式去解决它，就算生来内向也能克服紧张。

9. 别光顾低头玩手机，也要抬头关心下身边的朋友

当我们遭受挫折、苦难而惨然跌倒时，是身边的朋友为我们拂去衣上的尘土，陪我们继续前进；当我们经历喜悦、快乐而停下脚步时，是身边的朋友轻拍着我们的肩头，告诉我们不要忘形。身边的朋友就像是无尽的养分，不断地滋润着我们的生活。

然而，在智能手机普遍的今天，越来越多的人，尤其是性格内向、不善言辞的人，不知不觉地就成了“低头一族”。当我们的目

光只停留在手机屏幕上时，殊不知已经和身边的朋友渐行渐远了。

张子彧和林铮是非常要好的高中同学，但是张子彧性格很内向，整个高中读下来，也就林铮这么一个知心的朋友。后来两个人考上了同一所大学，张子彧的内向让他不敢和周围的人交往，林铮就一直不断地鼓励他。他知道张子彧热爱象棋，是个象棋高手，就推荐他去象棋社，而张子彧的象棋技术也让社里的社员感到敬佩。

忽然有一天，张子彧发现手机上有一款可以和别人下象棋的游戏，于是就点了进去。这一玩就停不下来了。由于他性格内向，不爱和别人交往，游戏世界让他感到如鱼得水，于是张子彧对手机游戏上瘾了，有的时候，甚至一天不出寝室，就在屋里玩游戏。

好友林铮知道后，心里很着急，多次劝说张子彧，“子彧，快考试了，别玩了，考完再玩吧。”、“子彧，下周有一个象棋比赛，你去参加吧。”……最开始，张子彧还听好朋友的话，会暂时放下手机，但是他下课回来依然玩，甚至不睡觉也要玩。时间久了，他就对林铮的话越来越不耐烦。有一次，林铮一着急就把张子彧手机抢过来，强行关机了，张子彧正玩到兴头上，很愤怒地对好朋友说：“你别管我了，我爱玩就玩！”

林铮很伤心，对张子彧也很失望，转身离开了。后来张子彧由于沉迷手机，挂了很多科，甚至因此被留级了，他想要去找人倾诉一下，才发现身边一个朋友都没有，他不禁十分后悔。

内向的人因为交际圈相对来说比较小，并且朋友又不多，往往会很容易沉迷于玩手机，借此来排遣自己的孤单和证明自己的存在。

当从手机的世界中回到现实生活中的时候，就会感到心里无比的空虚和落寞，也正是因为在手机和现实生活中的这种反差，让内向的人变得更加依赖手机，直到最后无法适应现实生活。

科尔顿说过这样一句关于友情的话：真正的友情就如同人的健康。在失去之前，永远无法意识到它的真正价值。这对于只顾低头玩手机而忽略身边朋友的人来说，是非常匹配的。手机只是我们手中的一种和朋友交流的工具，而内向的我们却因为沉迷手机变成了它的奴隶进而忽略了身边的朋友。

其实对于内向的我们来说，关心朋友其实也不是那么困难。因为我们心细，所以我们总能在琳琅满目的书架上找到自己的朋友喜欢的那本；因为我们善于倾听，我们总能在察觉到朋友苦闷烦躁的时候给他最有力的支持和最好的建议；因为我们更加深思熟虑，我们也总能在朋友遇到问题时，给予他最完美的解决方案。

利用手机一样可以让身边的朋友感受到我们的关怀。除了沉迷于用手机玩游戏、刷微博、看花边新闻以外，我们可以动一动手指给朋友发一段自己生活中发生的趣事，或者用心地给朋友做一张贺卡，又或者直接动手给他打一个电话，哪怕只是问问："最近好吗?"也是对朋友的一种关心。朋友最怕的不是吵架，而是莫名其妙地失去了联系。

希望不要有一天，我们拿着没有电的手机坐在空荡荡的屋子里，感到无穷无尽的空虚和落寞时，连一个诉说的对象都没有。

从这一刻、这一秒开始，抽出时间来，真真正正地融入到现实生活中去，和你身边一直陪着你的朋友哪怕是看看电影、或者一起散散步，去体验生活的美好和友情的可贵。

Part 4

牛人不是没缺点，而是发挥了性格优势

1. 乔布斯——完美型性格执著于每个细节，精益求精

苹果创始人史蒂夫·乔布斯曾说：“这辈子没法做太多事情，所以每一件都要做到精彩绝伦。生活就是一件让人倾尽全力，充满智慧的作品，一切都不能任意所为。”他用一生的行动将他的完美主义诠释到了淋漓尽致。

“乔布斯甚至会将珠宝商人常用的放大镜放在自己的办公室，方便自己来检查 iPhone 图标的每一个像素点。”乔布斯的完美型性格就体现在前苹果软件部门高级副总裁的这句话中，苹果著名的圆角矩形设计也来源于乔布斯的完美主义。比尔-阿特金森是苹果早期负责为 Mac 开发图形的工程师，当时他的工作任务是思考出能够快速应用外观的绘图软件的设计方案。有一天，他想出了一个可以在屏幕上快速画出圆和椭圆的绝妙算法，震惊了所有人，除了乔布斯。

乔布斯说：“圆和椭圆挺好的，不过，要是能画出带圆角的矩形可能会更好，你觉得怎么样？”阿特金森解释说：“画出圆角矩形几乎是不可能做到的，我们把图形程序做得精简一点，能满足基本的需要就可以了。而且这样做的工程设计难度太大了，我也不认为这是一个必要的改动。”乔布斯觉得圆角矩形更加完美，

他不可能放过产品设计对精益求精的追求，他说："圆角矩形设计早已无处不在，你看看这个房间就会知道。而且外面还有更多类似的设计，甚至你看到的所有东西都采用了同样的设计风格。"

阿特金森终于妥协，此后漂亮的圆角矩形被应用在各种用户界面当中，很快就成为了苹果产品不可或缺受人欢迎的元素。

完美型性格的人总是习惯于用高标准来要求自己，行事严谨细致是他们的一个特点，精雕细琢的严谨可以增加做事的成功率。很多人的失败其实并不是因为能力不足，而是缺乏了对精益求精的追求。对于性格细致严谨的人来说，行动前会有很多的准备方案，总会把事情做得极致而完美。他们做事总是会考虑应该怎么做、要怎么做，才能把工作做得令人更满意。差之毫厘，失之千里，正是这种不存在误差的细节执著才能让完美型性格的人成就一个传奇。

完美型性格的人做事有条理有秩序，不会心血来潮突然行动，而是事事要求规律有条不紊。他们的眼中容不下任何无条理或者是无秩序的事情，做事总是沉稳镇静，忙碌紧张的状态很难在他们身上找到踪影。办公桌面的东西各归各位，不会出现凌乱不堪的样子。完美型性格的领导会把工作事务安排得恰到好处，因为工作安排有秩序，事务处理有条理，所以办公室里工作效率特别高，团队项目都能按照既定计划按时推进并完成。

乔布斯执著于每个细节的这种完美主义，在涉及产品的问题上更是显露无遗。在 Mac OS 界面的设计过程中，柯戴尔·瑞茨拉夫带领的设计团队每周都会向乔布斯展示最新的设计方案，包括新界面中每个要素的多个备选方案。尽管设计团队的设计看起来完美无缺，但通常情况下，乔布斯都会提出很多改善意见，设计团队根据这些意见不断地修改，直到乔布斯满意。之后，设计团队向乔布斯展示程序原型时，他更是深入到每个细节中进行详细勘察。细致到他会俯身向前将鼻子几乎贴到电脑屏幕上，仔细检查程序和动画演示之间、甚至是每个要素之间是否匹配。这种严格的要求给设计师们施加了不小的压力，往往一个界面要经过多次返工、修改和细化，乔布斯才会最终点头通过。

但是因为完美型性格的人过分追求完美，要是达不到他的要求，他往往会控制不好自己的情绪，继而为对方施加更大的压力，很多人会承受不了这样的压力而选择逃避。因为对自己和别人的评价都非常苛刻，有时会制造紧张压抑的气氛。虽然完美型的人一方面讨厌粗鲁无礼、喜欢操纵人的力量型的人，但他也有时候会在潜移默化中通过情绪控制着他人。

只有扬长避短，既要有完美型性格的严谨和精益求精，也要在心理上承认存在不完美，才能不把自己的完美主义变成工作生活的负担。

2. 毕加索——孤独型性格心思缜密而善于思考

有一本叫《安静：内向性格的竞争力》的书里讲道：尽管孤独型性格的人常给人一种孤僻、生人勿近的印象，但这并不妨碍他们改变世界。

“我家小孩性格比较内向，老师多帮帮她。”“这孩子这么害羞，以后要是进入社会可怎么办呐，能适应得了么？”在我们的成长过程中，类似的话不知听了多少遍，久而久之，很多人形成了一种定向思维，认为性格孤僻、内向，是件很令人惭愧的事，走到哪里都会被人嘲笑。

但实际上，根据有关数据统计，在所有取得成就的精英人群中，并不缺少孤独型性格的人。甚至于，很多领域里，孤独型性格的人反而比普通人更具有优势。

毕加索，就是这样的人。作为20世纪最杰出的艺术家之一，毕加索一生创作了数万幅作品，其中大部分作品都被世人称为乱七八糟的怪画，人们认为，这是他的孤独型性格所导致的结果。

毕加索3岁就失去了母爱，加上接踵而来的地震，使他的心灵受到了创伤。自此，毕加索变得极其敏感和孤独，这种性格影响了他的一生，也影响了他的绘画风格。

毕加索自幼就有惊人的艺术天赋，他的父亲是一名美术教师，在父亲的引导下，他在13岁的时候就创作了人生的第一部作品《赤脚的女孩》，16岁考进马德里皇家美术学院，19岁回到巴黎。

毕加索的一生，一直都在不断地探索和创新，不断毁灭旧思想，创造新思想。正如他自己说的："我要让人们知道自己生活在一个相当不正常的社会里。"据统计，他一生共画了37000多幅画，甚至，在每一幅画中都装有他自己的血。

但是，由于他的思维过于天马行空，异于常人，使得他即便坐拥亿万财富，自身才高八斗，身边众人环绕，也很少有人能真正理解他。甚至于，随着他在艺术领域浸淫日久，妻子朋友、亲人伙伴，一个接一个，最终都离开了他或永远离开了这个世界。

他的孙子、儿子，因为他的关系，受到精神创伤，最后选择自杀。

毕加索的孙女玛琳娜在自己的回忆录中写道："他的杰出作品需要人性的牺牲。他能驱使任何亲人趋于绝望的处境。我家的人没有一个能逃脱这位天才人物的魔掌。他需要鲜血来签署他的每一幅画作：我父亲的血，我哥哥的血，以及我的母亲、祖母和我的血。他需要我们这些爱他的人的鲜血。我们以为爱的是一个亲人，其实，是画家毕加索。"

基于这种性格，晚年的毕加索孤苦无依，身边没有一个亲近的朋友，当然也少了亲情的滋养，唯一能说得上话的，竟是一个安装防盗门、毫无艺术细胞的工人。

从为人处世的角度而言，毕加索的性格确实过于孤僻自我，将自己与他人隔离开来，对外界的敏感使得旁人很难真正走进他的心灵。正因如此，与他亲近的人，妻子情人也好，儿子女儿也罢，都受到来自他的精神压迫，最终与他分道扬镳，走向决裂。但是，从另一个方面来讲，这种自我的孤立，使得毕加索对外界的任何一点变化都变得极为灵敏。当别人沉溺于人情往来而忽略身边的细微变化时，他却能敏锐地捕捉到这种变化并加以思考。所以，即使是朋友的一次失败，情人的一次发怒，都能让他感慨万千，衍生出常人难以触碰到的画面，这也正是他的画作大多都"乱七八糟"的原因。

所谓孤独，在心理学上指的是孤单寂寞的心态，其根本原因是缺乏正常的社会接触。但当下正处于信息爆炸的时代，所谓正常的社会接触，必然包括朋友隔三差五的街头聚会、公司三天两头的酒桌应酬，客户、合作伙伴必要的商业往来等等。不过在性格孤僻的人眼中，这是不太值得做的事情。

尼采说：“只有天才和疯子才能享有孤独。”不同的是，天才理解孤独，而疯子则厌憎孤独，渴望合群。比如爱因斯坦、霍金、比尔·盖茨这些人，他们都是天才，都曾经不被人理解，但他们都是理解孤独的人，所以能顶住外界的不理解，走自己的路。

性格孤僻者，他们大多忙着处理自己的思维，因而常常无暇顾及周围的事物。再加上他们的思维逻辑本身就比较特别，难遇知己，以至于绝大多数时候与人交流都是话不投机，久而久之，他们自然就沉默下来，不再说话。

但是，由于他们将自己大部分的时间都投入到了思考中，在分析问题的时候，其思维逻辑往往较之常人要更加缜密且全面。可以说，性格孤僻的人，通常有着一颗细腻的心和一双善于发现问题的眼睛，只要将这一长处发挥出来，做事情反而事半功倍。

3. 戴高乐——自信性格不惧怕失败，敢于挑战困难

法国历史上的英雄人物戴高乐人生中所做的每一个决定和选择，都是身后民族的强烈骄傲和自豪。“不隶属于任何人”的自信性格见诸于他两次在法兰西民族面临存亡的紧要关头勇敢挺身而出，拯救法兰西民族于生死存亡中，一生都在与大国强国进行抗争和挑战。

第一次是在第二次世界大战之初，在法国初战即败，政府投降以后，他毅然到英国扛起了法兰西民族抗战大旗，以非凡的智

慧和意志，顽强地挺住了美国和英国的排挤打击，使得已经战败的法国获得了战胜国地位，并获得联合国安理会五大常任理事国席位，维护了法兰西民族的尊严。

第二次，在法国国内经济崩溃的边缘，政治分裂面临内战的恶劣条件下，他又一次担起拯救法国的重任，建立法兰西第五共和国。改革经济政治体制，实现法国经济腾飞。在《伟大的戴高乐》纪录片中，戴高乐在与丘吉尔、罗斯福以及各类政敌明里暗里的较量中，始终自信如一，坚持自己的立场，甚至咄咄逼人，他是这个国家在跌落时所能够寻找到的最好的保卫者。

成功学的创始人拿破仑·希尔说："自信，是人类运用和驾驭宇宙无穷大智的唯一管道，是所有'奇迹'的根基，是所有科学法则无法分析的玄妙神迹的发源地。"奥里森·马登也同样说道："如果我们分析一下那些卓越人物的人格特质，就会看到他们有一个共同的特点，那就是他们在开始做事前，总是充分相信自己的能力，排除一切艰难险阻，直到取得胜利！"

真正自信的人从不害怕困难，也不害怕犯错，他们会持之以恒地挑战挫折，直至走到成功的脚下。让困难和失败成为冲向终点的动力，把握了一个绝境，就是迎接了一次挑战和机遇。自信可以从困境中把人解救出来，在黑暗的坚持中看到成功的光芒，从而赋予人奋斗的动力。

1832 年的林肯变成了社会中的失业人员，但这并未使他萎靡不振，而是让他下定决心要当政治家，当州议员。但现实不近人情，林肯在竞选中失败了。一年里接连遭受两次打击，换做是普通人大多应该会自怨自艾止步向前了吧。但林肯紧接着开办企业，可一年不到企业又倒闭了。在这之后的 17 年间，他陷入了为偿还企业倒闭时所欠的债务而到处奔波的状态。历经磨难并未磨灭林肯的自信，更没有浇灭他不断接受挑战的热情，他决定再一次参加竞选州议员，这次他当选了。

其实，自信是一种不怕困难的精神，它能让人心无旁骛地勇往直前开拓进取；自信也是一种成功的境界，它能让人摆脱内心的恐惧，扬帆起航到达成功的彼岸。在到达彼岸的路途中，我们难免会遇到各种艰难和以为过不去的挑战，在打击中渐渐心灰意冷。这时候，保持积极自信且越挫越勇的态度去面对困难、挑战、失败，才能迎风而立。

当困难迎面而来，要有接受挑战的勇气，没有无法渡过的困境，只有掌握在自己手上的生命。勇敢面对生活中的任何困难，就是向更好的人生阶段又迈进了一步。其次要从中找出问题并简化问题，分解步骤并采取最有效的解决方式，跳出以自我为中心的思维模式，可能会有意想不到的收获。

保持积极乐观和自信的心态，让失败和恐惧变成激励自己的方式。要克服挑战就必须相信自己能做到，找出所有能克服它的方法，并确保有效完成。我们每天都要克服各种挑战，但大多数情况不像我们想象的那样难，而是取决于每次具体挑战的情况，保持心理稳定往往是最困难的部分。改变一下应对的心态，把困难当成是希望来临之前的曙光，最后往往会有意想不到的好结果。

大多数人会选择避免挑战，因为他们害怕失败。远离挑战本身就是失败。每个人都会经历失败，重要的不是被打倒多少次，而是能站起来的次数。失败一次，两次或三次都没关系，不要放弃。振作起来，从失败中学习经验，然后向正确的方向继续努力。

有人说，生命的一半掌握在自己手中，一半掌握在上帝手中。你要用你的一半努力争取上帝手中的一半。带着明天将会充满希望的自信，勇敢面对困境，把每一刻当成最后一分钟，拼尽全力。

4. 杰克·韦尔奇——敢为型性格在风险中捕获机遇

杰克·韦尔奇在通用电气公司任期的二十年内，他一天都没有停止变革，而是像一只眼神凌厉的老鹰，总是能够在风险中捕获发展的机遇。把通用电气的市值从 1981 年的 120 亿增长到 4000 亿元，净利润从 16 亿美元增至 2000 年的 127 亿美元，成为全球第一大公司。

在一次分享中，杰克·韦尔奇说道："在泰国没有人是制造汽车的，因为当时我们的想法就是泰国人最不愿意放弃的东西就是汽车，他们哪怕房子卖了在汽车里面睡觉也不会卖掉汽车。所以当时我们在泰国就收购了很多汽车的产能。1997 年爆发的亚洲金融危机期间，泰铢的汇率整个崩溃了，在泰国经济下滑的时候，我们继续去收购那些汽车产能，那时候人们都认为通用电气公司疯了，但是后来泰国经济复苏之后，我们的投资得到了回报。"

"在 9·11 事件之后，美国的航空公司业绩非常糟糕，很多航班停飞，乘客数量大幅度减少，当时飞机的售价也大大下降，很多飞机被放到沙漠当中，因为沙漠里面没有降雨，空气湿度比较小，不会生锈。9·11 以后我们在美国收购了很多这样的飞机，我们通用电气公司拥有飞机的数量在世界上是第一名，现在航空业在复兴，飞机的售价大大上升。”

很多人面对风险面对变化，第一反应是心生排斥止步不前，而不是像杰克·韦尔奇一样在变化中迅速适应和前进，看到风险中的机遇。

当今时代，我们所有人都能感受到来自不确定性风险的强烈冲击。面对复杂多变的社会环境，只有在风险中抓住机遇，在瞬息万变中捕捉机会，不在观望中等待，才能做这个时代引领变革的弄潮儿。

傅万才自1985年出任吉林化纤股份有限公司的厂长至今，以敢当型的性格投身企业竞争，不断创造奇迹。在化纤业遭遇国内、国际市场的双重挑战之时，他对进出口公司经理说：“风险就是机遇，要紧紧抓住这一时机，大胆地闯，科学地组织，抢占和扩大东南亚市场，提高‘白山牌’产品在国际市场上的知名度。”在困难面前大胆决策，在风险中把握机遇，在竞争中寻求发展，是傅万才制胜的法宝。

英国著名小说家艾略特曾经说过：“生命巨流中的黄金时刻稍纵即逝，除了沙砾之外我们别无所见；天使前来探访，我们却当面不识，失之交臂。”机遇也是稍纵即逝的，而且它隐藏在某些现象的背后，机遇是客观事物发展过程中所呈现出的机会、际遇，它从变化中来。

那么如何时刻保持警惕以便更好地利用风险中的不确定性，如何改变心态，把对不确定性的恐惧转化为捕获机遇的勇气，如何像杰克·韦尔奇一般敢为人先？

多渠道获取信息培养侦测感知能力，这会让我们先于其他人发现风险中蕴藏着的机遇，更好地策划接下来的行动。信息瞬息万变，要不断更新知识结构，意识到那些曾让我们成功的因素可能不再起作用。

时刻找好下一步的落脚点，创造更大的价值和吸引人的新鲜事物；培养从风险中看到机遇的思维方式。善于在变化中把握机遇，利用有利因素，化解不利因素，推动事物发展。人们提出并践行“弯道超车”理念，就是在变化中把握机遇的生动例证。平常驾驶车弯道不允许超车，但是在竞技赛车时，弯道是超车的唯一机会。这种“超常规”动作，极富风险和挑战，充满了超越对手超越自我的种种机遇，而这种机遇是在大变化中形成的。

美国著名人际关系学大师卡耐基一针见血道：“我们多数人的毛病是，当机会朝我们冲来时，我们兀自闭着眼睛，很少人能够去追寻自己的机会，甚至在绊倒时，还不能见着它。但事实上，我们的生活中充满了机遇。”

每一份工作可能是机遇，每一次为人处世可能是机遇，每一次外出也可能是机遇，就看我们是否抓得住。要记住，机遇永远只给有准备的人。

5. 陈平——谨慎型性格做事稳妥，不易出错

性格谨慎的人，做事之前常常会再三谋划，几番推敲，自觉计划没有漏洞，或者认为自己有能力应付突发事故之后才敢实施行

动。在许多人眼中，这种性格的人做事墨迹，但不可否认的是，他们通常会把事情处理得井井有条，不会出什么问题，值得信赖。

西汉开国功臣陈平，就是一个小心谨慎到极致的人。纵观他的一生，始终都在小心衡量，以保证自己每走一步，都能在生存的基础上，获得事业上的发展。

早先，他曾侍奉于项羽的麾下，但他早早看出项羽刚愎自用，自己恐怕得不到重用，甚至日后还会有杀身之险，于是转投刘邦。之后，项羽果然兵败。

又有一次，刘邦听信谗言，怀疑跟随自己打天下的“好兄弟”樊哙希望自己死。愤怒之下，他召见陈平，让他立刻带着周勃前往军中樊哙所在之地，当场击杀他。

刘邦的本意是：陈平啊，你们只要一见到樊哙，就立即把他给我砍了。但走到半路的时候，陈平心想：这樊哙跟刘邦是什么关系？那是穿一条裤子的好兄弟，自己不过是半路投诚的人，比不得两人的亲近，真要杀了樊哙，万一刘邦又后悔了，到时候吃亏的可就是他陈平了。于是，他跟周勃一合计，决定将樊哙押进宫，让刘邦自己动手。恰巧此时刘邦病重，三人还未进宫，就听到他驾崩的消息，陈平立刻又考虑到：樊哙是皇后吕雉的妹夫，先前自己奉刘邦的命令去斩杀樊哙，恐怕已经开罪了对方，但之前还有皇帝罩着自己，可如今皇帝没了，吕雉就成了权力最大的人，这样自己就危险了。于是，他连夜骑马进宫，一头扑到刘邦床前痛哭。吕后见他对自己的夫君如此忠心，虽然不满他前去对付樊哙，但想到樊哙未死，心中也就消气了，反而开始重用他。

正是靠着这份小心谨慎，陈平在朝中左右逢源，安然度过了自己的一生，就连史书都评价他善始善终，可谓是中国历朝历代无数将相王臣中，不可多得的奇人了。

生活中我们常常在说，“凡事要谋定而后动，三思而后行”。其实，本质上就是要求我们做事之前一定要多思考，多做计划，尽可能地将有可能出现的意外因素都考虑到位，争取一次性就把事情做好，做到不出差错，让别人抓不住漏洞。事实上，这也是性格谨慎之人的显著特点：没有足够的把握绝不轻易展开行动，一旦行动就必定有很大的把握。

谨慎型性格的人，其最大优点就在于：他们思虑周详，事无巨细。若别人有事相托，他们断不会出大问题。这样的人大多理智而有智慧，在职场中深得上司信赖。

有的人做事草率鲁莽，横冲直撞，结果往往不但没能把事情做好，反而可能惹出大乱子，其实还是缺乏一颗谨慎的心，没能在动手之前把计划做好。这样做事情，虽然提高了行动能力，却无益于做事情的效率。

人们常常感叹自己没有机会，以至于但凡遭遇挫折，首先想到的就是“假如再给我一次机会，我一定不会像现在这样”。殊不知，机会是留给有准备的人的，就像捕鱼一样，只有事先下好网才能捕到鱼，等到鱼儿现身了再下网，那恐怕黄花菜都凉了。

很多人之所以会“怀才不遇”，很大的原因就在于做事不够谨慎，想当然地去做事，这样是行不通的。

当然了，性格谨慎也并非全然是好事。一个人如果过于谨慎，他就会趋向保守，会对新鲜的创意和事物以及有风险的事保持一定的距离，从而错失机遇，时间一长，还会失去创新的能力以及敢打敢拼的勇气和魄力。这就是人们为什么会说，过分谨慎的人成不了大事：他们瞻前顾后，考虑太多，容易自己把自己吓到，以至于不敢去做。

因此，“谨慎”固然是一种良好的素质，但我们也绝不能让自己受缚于此，一定要把握好其中的度。只有灵活运用我们的谨慎，才能充分发挥出这种性格的优势。

6. 沃伦·巴菲特——敏感型性格善于捕捉信息

2009 年 6 月，中国阳光私募教父赵丹阳经过激烈竞争，取得了与巴菲特共进午餐的机会，为此他花费了 211 万美元。事后赵丹阳说：“太值了，可以少走很多弯路。”一时间，巴菲特之名，再次轰动了全世界。

巴菲特 14 岁时，花 25 美元买了一个二手弹球机，放到理发店，然后把它租出去，第一天就盈利 14 美元。一个月后，他的业务规模先是扩大到 3 家，然后又变成了 7 家，每周有 50 美元的收入，然后，他有了自己的第一家“公司”，威尔森角子机公司。

长大之后，巴菲特接触了股票，从艾森豪威尔到乔治·布什，这四十年里，不管股市行情如何变化，巴菲特始终表现良好，稳操胜券。在战后美国主要股票的年均收益率在 10% 左右，而他个人却达到了惊人的 222% 。

巴菲特传奇的人生经历和充满吸引力的人格，及其投资哲学和投资策略，吸引着众多的投资者前仆后继。他们每年一次像圣徒一样到奥马哈朝圣——聆听巴菲特的投资分析。这如同埃尔·沃斯音乐会或宗教复活节一样，成了美国每年的一件大事。巴菲特的著作被金融界的人士视为《圣经》，犹如念布道的经文一样背诵巴菲特的格言。

那么，最关键的问题：他是怎么做到的呢？对此，巴菲特说："我总觉得，相对于研究经商成功的例子，研究经商失败的例子能学到的东西更多。我做生意时，会尽量去研究别人哪里做得不对，为什么他们最后失败了。我们要尽可能地避免重蹈覆辙。"

一路走来，巴菲特一直坚持着自己的投资原则：视买股票如同买整个企业的一部分；构建一个专注的、不频繁交易的投资组合；仅仅投资于那些你明白的企业；在买入价格和公司长期价值之间，寻求一个安全边际。他的这种管理投资方法或许不能让我们成为亿万富翁，但一定会改变我们，帮助我们成为更好的投资者。

从这里我们已经可以看出，巴菲特绝对是一个敏感性性格的人，有强烈的"危机意识"，居安思危，哪怕身处再好的局面，也总是未雨绸缪，预先设想潜在的、可能出现的危机并事先做好准备。所以纵观他多年的炒股生涯，但凡有一点风吹草动，都会牵动他的神经。但他不会第一时间有所动作，而是在"维稳"的基础上，收集尽可能多的信息。

有人总结了巴菲特的投资经历，以及从巴菲特自己口中吐出的言论来看，我们不难发现一点：他是一个极其擅长捕捉讯息的人。对信息敏感，是他成功的关键。

在现代竞争中，信息的作用愈加突出。信息就是金钱，有心者要眼观六路，耳听八方，随时不断地掌握新的信息，并将之很好的利用，从而在竞争中保持优势。

巴菲特从小就具有直觉敏锐，精于计划的能力。大多数关于他的传记中，无一例外地提到他童年时就表现出了天才经营者的独特个性。

小时候，他的父母带他到海滨去度假，父亲给了他一些零花钱，让他去买饮料喝，七岁的巴菲特不仅能买回饮料，还可以赚得一笔不算很少的零花钱，他从海滩到售饮料的店铺的路上，发现这段路上游玩的人很多，并且天气又热。

突然，他灵光一闪，觉得这是赚钱的好机会，他跑到饮料铺，用全部零花钱买了可乐，并把这些可乐从海滩的一端拿到另一端，来回兜售，他的第一笔生意顺利地成功了。

与那些研究高深经济理论的学术性经济人士不同，巴菲特注重信息强过注重理论。他曾讥讽地说，“有很多人就喜欢把时间浪费在数字上，居然会荒唐到在 87 还是 88 之间徘徊上一天一夜，简直不可思议。”在他看来，把握身边、市场的每一丝信息才重要。

从口与口的传递，到飞鸽传书，再到八百里快递，再到今天的互联网通讯。一个信息从地球的一端到另一端，只需 0.05 秒，信息是人类生活的重要部分，精准地掌握这些信息和把握它们的趋势，我们就能处处快人一步，在投资领域，这是最大优势。

那么，想要精准地把握身边的这些庞杂的信息，就需要我们时刻对周围保持敏感。在这一点上，敏感型性格的人是占有优势的。具体来看，要如何捕捉市场信息呢？

结合巴菲特的投资实践，我们必须做到以下几个方面：时刻留心市场、社会变化，关注价格变化、法律制度、产业、资源能源动向等环境信息；重视技术水平、技术潜力、新技术前景预测等特定的技术信息；经营战略、销售战略、技术开发战略，经营能力分析、经营国际化等特定企业信息；剖析市场占有率、需求预测、竞争力要素、竞争产品动向等特定产品信息，然而这些信息只告诉我们经济社会及竞争的现状，还必须去粗取精。

在信息的汪洋中，想要捕捉各方信息，就更加要求我们有敏感的触觉。只有对信息保持足够的敏感度，才能使我们处在一种随时发现和捕捉信息的状态。因此，敏感型性格的人，应该充分将这方面的优势发挥出来，将自己的敏感运用到对信息的把控上，这样就能事事先人一步。

7. 卡莉·费奥瑞纳——叛逆型性格向命运挑战，敢于冒险

性格叛逆，通常是指一个人独断独行，固执己见，不听父母、前辈之言。在很多人眼中，性格叛逆的人，要么不服管教，要么注定踏上歧途。但实际上，叛逆并不完全是件坏事，性格叛逆的人往往更有独立精神，也容易获得成功。有着“世界第一女CEO”之称的卡莉·费奥瑞纳女士，她就是一个典型的叛逆型性格的人。

卡莉自小生在小康之家，父亲是一位宪法专家，母亲是一位

肖像画家，在她还很小的时候就已经跟随父亲游历过三大洲了，还在五所不同国家的学校里学习过。

因为在同龄人中一直受排斥，使她具有了很强的适应性，性格上也偏刚强，一旦作出决定，十头牛也休想拉她回头，可谓说一不二的主儿。

大学时，卡莉的专业是中世纪历史，当时的她还不清楚自己未来的路。据她回忆，“我之所以大学毕业后去上法学院，是因为恐惧，完全是父亲要求我做的。但我实在不喜欢法学院，所以念了一个学期就退学了。那时候，全家人都被我的决定搞疯了。”

之后，卡莉进了一家公司，做起了秘书工作。但没多久，她就发现这份工作没什么挑战性，对不起她在大学所学的这些知识，于是离开公司，去了意大利，专门教人英语。这份工作一样没有持续太久，她就再次失业了，茫然的她一时找不到自己的路。

家人都劝她别瞎折腾，找个安稳的工作就行，但她不信邪，暗暗憋着一口气，想要找一份让自己满意的工作。1978 年，卡莉生命中一个重要的转折点到了。这一年，她进入了马里兰大学商学院学习，也是从这个时候起，她开始对商业管理有了兴趣。

毕业后，卡莉在 AT&T 公司谋到了一份实习经理的差事，但工作内容仍旧是秘书一类的差事。直到有一次，她无意中接触到一位男性资深职员，表达了自己想与对方合作的意愿。要知道上世纪七八十年代，美国商业社会顽固保守和男性占主导的思想，依然根深蒂固。很自然地，这位职员拒绝了卡莉的要求，并报以赤裸裸的嘲笑。

对方故意把和客户们的“商业聚会”放到一家脱衣舞俱乐部，很明显，他这是想借此羞辱卡莉，并让她知难而退。很多人都劝她不要去，不要理会对方。但卡莉觉得，自己只是去谈合作的，既然合作伙伴有请，那自己也不能退缩，坚决前去参加聚会。

聚会中，她目不斜视，一本正经地与同事和客户谈生意。当大家起哄让一位女招待站到桌上表演时，舞娘看着身着蓝色职业装镇静地坐在一边的卡莉，说：“这位女士在场的时候不行。”这件事令卡莉赢得了曾经敌视她的男性同事的敬佩，以及友谊。

自此，卡莉在职场中获得了与男同事近乎同等的地位，她开始展现出过人的能力。1995 年 9 月，卡莉做了一件令她享有盛名的事：朗讯科技上市。这家有 12 万员工的电话设备公司从 AT&T 中分离了，而“卡莉・费奥瑞纳”这个名字也彻底闻名世界。

多年后，卡莉感慨地说：“当一个人知道自己想要什么时，整个世界也将为之让路。”

性格叛逆的人，大多有自己的想法，并且能坚持自己的想法。事实上，思想独立，对事物有自己的看法并且坚持自己的立场，正是性格叛逆之人最显著的特点。这种性格有一个最大的优势：在对自己判断准确的事情中，会坚持自己的原则和立场。也就是说，性格叛逆的人，只要他们认定了某件事，通常都会坚持到底，哪怕前面的路再难走，他们也会咬牙迎难而上。这种百折不挠，明知山有虎，偏向虎山行的勇气，是使人成功的最大动力。

当然，叛逆型性格的缺点也很多。比如，一个人本就清楚这样做不对，可为了显示自己已经长大，显示自己什么都懂，他们往往会往相反的方向去做，结果惹出乱子。这也是生活中，多数性格叛逆之人，最终走上旁门左道的最重要原因之一。说白了，他们无法掌控自己这种性格，以至于对自己失控，只发挥了这种性格的负面功效。

不过，叛逆型性格虽然有这样、那样的缺陷，但只要我们能够把握好自己，充分利用这种性格的优势，发展自己的长处，克服自己的缺点，那么，在这种思想独立、精神独立的性格影响下，也能成为一个敢闯敢拼、敢坚持，富有冒险精神的人。

8. 阿里拳王——刚毅性格自强不息

有的人，取得胜利一百次，可只要输一次，他就再也站不起来了；而有的人，哪怕失败了一百次，一千次，一万次，他也会站起来重新挑战，直到取得最后的胜利。

真正的强者，不在于他的力量有多大，后台有多硬，关键是看他的内心。内心够强，就像一颗锤不扁、煮不熟、炖不烂的铜豌豆，这样的人最终必然是强者，因为他们已经无所畏惧。古人云：天行健，君子以自强不息。性格刚毅者，大多具有成功的潜质。

拳王阿里，全世界最负盛名的传奇拳王，在上世纪 70 年代，曾一度称霸拳坛。在他的职业生涯中，曾有过一次经典的对战，对手是拳坛另一位绝世猛将，弗雷泽。

1975 年 9 月 30 日，33 岁的阿里与弗雷泽展开第 3 次较量，前两次他俩各胜一场，所以这一次称得上是他们之间的最终决战。而在这之前，阿里曾有过离开擂台 4 年的经历，体重已超过正常体重 20 多磅，速度和耐力大不如前，医生给他的运动生涯判了“死刑”。但是阿里坚信：精神，才是拳击手比赛的支柱，于是凭着顽强的毅力重返拳台。

根据记录，当比赛进行到第 14 回合的时候，阿里已经精疲力竭，哪怕一片羽毛落在他身上都能让他轰然倒地，身体的每一个细胞都在告诉他，他没有迎战第 15 回合的力气了。然而，源自于对自己信念的坚持，对比赛的尊重，他拼命坚持着，不肯放弃。

他很清楚，弗雷泽也和自己一样，只有出气的力量了，比到这个地步，与其说是在比力气和技术，倒不如说是在比毅力，就看谁能比对方多坚持一会儿了，只要自己能在精神上压倒对方，自己就有可能胜出。于是他竭力保持坚毅的表情和誓不低头的气势。

他的眼睛凶狠有力，令弗雷泽不寒而栗，以为他仍存有体力。这时，阿里的教练敏锐地发现弗雷泽已有放弃的意思，连忙将此信息传达给阿里，并鼓励阿里再坚持一下。阿里精神一振，更加顽强地坚持着。果然，弗雷泽很快就放弃了，对阿里甘拜下风。

裁判当即高举起阿里的手臂，宣布他获胜。直到此时，保住了拳王称号的阿里才放松了下来，身形一晃，跪在了地上。弗雷泽见状，追悔莫及，并为此抱憾终生。

仅仅只是早放弃了一两秒钟，弗雷泽就永远失去了战胜阿里的机会，成就了阿里的传奇。很多时候，人生就是这样，在最艰难，也最关键的时刻，只要我们能再坚持哪怕一秒钟，我们就有可能缔造新的传奇，反之，迎接我们的就是失败。

当今社会，竞争激烈，唯有适应者才能生存。这就决定了我们想要在这种社会环境下生存下去，甚至壮大、变强，就必须要有自强不息的精神，强者首先需自强。

在奋斗的征程中，有的人只走了几步便回头了，成为了一个只会怨天尤人的放弃者；有的人走得稍远一点，但也未能坚持下去，多次的失败令他们焦头烂额，心力交瘁，于是打了退堂鼓。这样的人，哪怕他们坐拥金山银山，也很难发挥出它们应有的价值。

不过，性格刚毅的人，大都锋芒毕露，喜欢独自决断。对他们而言，前进路上的阻力越大，个人的力量和智慧就越能发挥得淋漓尽致。这种人在遇到事情的时候，通常只想到自己，很少向他人求助。更有甚者，还耻于向他人求助。并且，由于性格过于刚直，他们易于冒进，权欲重，又有野心，容易给人唯我独尊的盛气凌人、争强好胜之感，喜欢争功又不能忍，与人共事缺乏谦让和商量，这样的处事方式，使得他们在职场中容易四处树敌，为同事、上司所顾忌。

一个人性格若是过于刚毅，不知变通，也容易伤人伤己。刚毅型性格的优势在于目标明确，行为方式积极主动、坚决果断。因此，我们应该灵活运用这些优势提高我们做决策的能力和决断力，而在与人相处中，则要懂得收敛锋芒，以免刺伤对方。

总之，拥有坚定的意志，善于在逆境中顽强拼搏，不畏困难，甚至敢于迎难而上，即使遭遇失败也能立刻站起来，重新迎接挑战，这才是一个强者应该具有的素质。

9. 胡雪岩——方圆型性格精明能干有魅力

人们常说，做人当如铜钱，要外圆内方。所谓“方”，就是要讲原则，要有自己的底线，不能毫无下限，不能为达目的而不择手段。所谓“圆”，就是要圆融变通，灵活处世，不可过于死板。

“方”是做人之本，“圆”是处世之道。圆有余而方不足，就会成为一个见风使舵的人物，给人以奸诈的印象；圆不足而方有余，则棱角分明，至刚易折，不免成为一个四处碰壁的刺头，白白惹人嘲笑。因此，做人必须方中有圆，圆中有方，外圆内方。

中国近代著名的红顶商人胡雪岩，就是一个圆融变通的人，与人共事，他尽显商人机变之本色，但待人处事，却又有自己的原则，凭个人魅力征服了无数的同道。

却说有一天上午，胡雪岩正和自己的几个掌柜谈事，外面有人禀告，说有个商人有急事求见。原来，这人在最近的一次生意中栽了跟头，急需一大笔资金周转。为了救急，他拿出自己全部的产业，想以非常低的价格转让给胡雪岩。

胡雪岩不敢怠慢，让商人第二天来听消息，然后连夜吩咐手下打听此事，证实了商人所言非虚。胡雪岩没有犹豫，连忙让钱庄准备银子。因为对方需要的现银太多，胡雪岩必须从分号紧急调取大量现银。第二天，等到商人前来时，发现胡雪岩早已备好银两，并且还是按市场价出的钱，这让商人很惊讶，不明白他为什么有便宜不占，白让自己得了好处。

胡雪岩说，自己只是暂时帮他保管资产，等商人挺过这一关，可以随时来赎回这些房产，只需在原价上多付一些微薄的利息就可以了。胡雪岩的举动让商人感激不已。

商人走后，几名手下不解，说："有的大掌柜赚钱少了还被训斥半天，可这笔投资赚钱更少，而且到嘴的肥肉不仅不吃，还主动给对方多付银子，这到底是为什么?"胡雪岩讲了自己的一段经历：在他还是一个小伙计的时候，经常四处奔波、催账。有一次，他在路上遇到了大雨，同路的一个陌生人没带伞，恰好他带了，于是他就帮那人打了一路的伞。后来，每当下雨的时候，他就主动帮那条路上的陌生人打打伞。时间一长，那条路上的很多人都认识了他。有时候他自己忘了带伞，也会有很多人帮他打伞。说着，胡雪岩笑道："你肯为别人打伞，别人才愿意为你打伞。那个商人的产业可能是几辈人积攒下来的，我这么做不仅仅是单纯的投资，而是救了他的一家人，既交了朋友，又对得起自己的良心。谁都有雨天没伞的时候，能帮人遮点儿雨就遮点儿吧。"

众人听了之后，久久无语。后来，那个商人果然扭转败局，重新赎回了自己的产业，同时也成了胡雪岩最忠实的合作伙伴。

一个人如果过分讲究方正，处处都拿"原则"、"规矩"说话，未免显得不近人情，也有些死板、不知变通，这样的人，很难与人友好相处，也难以融入社会。生活中，这样的例子不胜枚举，因为性格过于棱角分明，所以看不惯上司的一些动作，看不惯同事的一些行为，于是把一切搬到台面上，使大家都下不来台。不用说，这类人的下场，通常是遭到上司的排斥和同事的嫉恨，最后要么成为形单影只的“职场孤狼”，要么灰溜溜地自己滚蛋。

但是，一个人如果过于“圆滑世故”，不讲原则，见风使舵，往往也会遭人鄙视，惹来白眼。这样的人同样容易碰壁，毕竟，没人喜欢这种墙头草式的人。职场里，因为乱拍马屁，或小人行径而落得身败名裂的例子也很多。

林肯曾经遇到这样一件事，一个人连续几天找到他，希望从他这里获得一个职位。林肯说：“朋友，这是没用的，我说过了，我不能给你职位，你还是快回去吧。”那人恼羞成怒，大吼：“总统先生，我知道，你就是不愿帮我。”见这人无理取闹，林肯忍无可忍，突然从椅子上站起来，一把揪住他的衣领，就将他丢出门外了。

林肯的素养本来非常好，但因为这个人确实是个无赖，根本不值得对他采取“圆”的处理方式，所以林肯直接采用了“方”的手段，而旁人也不会因此看轻林肯。

其实，我们也一样，不必一味地“圆”，必要时也可以采取一定“方”的手段。在现实生活中，做人不能单纯追求“方”或“圆”，因为过分单一的性格容易使人走向极端，而要“方圆”结合，就像胡雪岩那样，该以利益为先的时候，就以商人的行事风格处事，但同时又要保持一定的善心，随时准备给自己，也给别人留一条后路。

为人处世，要讲求方法，更要讲求分寸。而外圆内方，是中国几千年来，为人处世的智慧之道。懂得了这个道理，我们就能在人际交往中进退有据，如鱼得水。

10. 希拉里·克林顿——好强性格永不服输

好强型性格的人，喜欢争强好胜，喜欢表现自己。在为人处事方面，经常表现出近乎苛刻式的严格，因而容易给人“此人很骄傲”、“不能过于亲近”的印象。在我们身边，性格强势的人通常很不讨喜，他们冷血、淡漠，甚至为达目的，可以不择手段。

但实质上，好强型性格的人，他们有很多优点，比如遇事不退缩，足智多谋，有“泰山崩于前而面色不改”的胆魄。当然了，他们最大的特点还是，永不服输。

网上流传着一段关于希拉里的故事，说：有一日，当选总统的克林顿和夫人希拉里在加油站加油时，希拉里就对克林顿说：“那个加油工曾经追求过我。”克林顿笑道：“幸亏你当初选择了我，不然，现在你就是一个加油工人的妻子了。”希拉里笑着回答丈夫：“不，如果当初我选择了他，那么现在当总统的是他，而做加油工的人，则是你。”

故事只是故事，充满了美式冷幽默，其真伪也无从考证，但有一点是可以确定的，那就是这段对话中真实展露了希拉里好强的个性：骄傲而又自信、幽默而又霸气。

好强、不服输、霸气，几乎是希拉里身上最显著的标签。2008年，她参加了自己人生中第一次美国总统大选，口号是：我来了，为胜利而来。到了2015年，她再次参加美国总统大选，她这样说道：“每天美国人都需要一个冠军，我想成为那个冠军。”

时至今日，虽然连续两次大选都以失败收场，但从她的一言一行中，我们可以看到一个坚强的女政客，一个永不服输的女强人形象。

希拉里生于芝加哥一个富商家庭，在父母的教育下，她从小就露出了与众不同的一面。当同龄女孩还在为新衣服、新玩具欢呼雀跃时，她已经知道为了自己的兴趣而努力。她的成绩在小学一直名列前茅，即使偶尔发挥失常，她也会在之后就很快追赶上来。

等到了中学时期，由于进了当地最好的学校，希拉里很快意识到，自己绝不是班上最聪明的学生，要想在学业上位居前列，必须付出比别人更多的努力。于是她每天花更多的时间在学习上，同学玩闹的时候，她依然坚持学习。但即使她付出了非比寻常的努力，她的平均分数在班里还是排不到前 10 名，这让她很沮丧，但并非绝望。

当时，美国社会着重强调学生的全面发展，认为只有在各个领域都做到均衡发展，才是优秀学生。于是希拉里在认清了自己的优势和不足之后，开始练习打网球，希望通过体育上的成绩为自己加分。可以说，希拉里从小就懂得发挥自己的长处，让自己看上去更优秀。同时，她也有很好的韧劲儿，不怕失败，敢于在失败后重新站起来。

正是这种自小磨炼出的性格，使得希拉里在进入职场后敢闯敢拼，不畏困难和挑战，不惧失败，年仅 28 岁就成为业界翘楚并最终叩开政治大门，为自己的政治事业奠定基础。

生活中，性格好强的人，通常是不太容易与人相处的，因为他们过于坚持己见，行事作风也过于凌厉，让人难以产生亲近感。多数情况评价一个人性格好强，其实都是带有贬义色彩的。而在职场中，这样的人也更容易被上司忌惮，被同事孤立和猜忌。但是，这种性格所带来的主动性和攻击性，常常也是帮助一个人成功的动力之源。历史上，许多伟人都有这样的性格。比如拿破仑，如果他没有这种不服输的性格，在第一次被流放到厄尔巴岛的时候，就不会想办法逃出生天，然后卷土重来，以至于有了后面轰动世界的滑铁卢战役。

刀不磨不利，很多时候，一个人想要获得成功，必先经历挫折和困难的磨炼，才能洗尽铅华，开发出自己全部的潜能。然而，很多人遇到困难、挫折就打退堂鼓，这类人大多不会有很大的前途。一个人只有具备永不服输的精神，才能成就伟大的事业。

一个人的性格好强一些，没什么不好，只有好强、要强的人，才懂得为了变强而不断打磨自己，提升自己，这是人进步的核心动力。不过，在此基础上，也需要把握一个度，不能过于好强。若是事事都要争第一，过于盛气凌人，也容易遭人反感，不利于事业发展和自身能力的提升。

充分认识和掌握我们的强势性格，做到“好钢用在刀刃儿上”，将我们永不服输、争强好胜的劲头用在工作上，用在学习上，而不是用在胡吹大气、意气用事上面，这样我们就能充分发挥出自己的潜力，在事业上干出一份成就，甚至实现我们的梦想。

Part 5

决定职场高度，性格比能力重要

1. 内向型与外向型性格的择业分析

在今天的职场中，“性格与职业”之间的联系越发紧密，因为性格与职业不匹配，前途坎坷的例子不胜枚举。可见，性格虽无好坏之分，但性格类型与职业类型的匹配度，却决定了我们的事业发展能否顺利。究竟怎样才能充分发挥我们的性格优势，首先要准确测定我们自己的个性，了解“性格与职业定位”之间的关联，如此才能完美搭配。

一般来讲，生活中最常见的两种性格类型就是内向型和外向型，具体表现在与人交往的主动性上。性格内向的人，与人交往多处于被动状态，平时沉默少言，很少主动与陌生人搭话。相反，性格外向的人则擅长主动与人搭讪，喜欢热闹的气氛，在人际关系中常常占据主导地位。内向的人给人的印象大多是安静，而外向的人则更多是活泼。

内向型性格的特征与择业方向

从性格特点上分析，内向型人格，在陌生社交中会消耗能量，容易感觉疲劳和恐惧。所以这类人往往秉承“你不对我好，我凭什么对你好”的处事态度，但是如果身边的人主动以友善待之，他们亦能礼尚往来，一来二去，也能与对方成为不错的朋友。

在日常生活中，内向型的人多数时候会把自己的精力更多地放到个人空间上。他们喜欢安静的环节，对独处非常享受，孤独对他们来说并不是不可忍受的，相反，他们能在孤独中享受快乐。他们的好朋友并不多，但人际交往的质量却非常高。

这就导致了，人们对他们的第一印象通常是“腼腆”、“冷漠”、“清高”……虽然这并非是他们真实的面貌，但不可否认，这对他们的职场生涯有着一定的影响。

内向型性格并非一无是处，实际上，这种性格的人具备很多优秀素质。性格内向者大多个性沉稳，态度安静，性情也十分温和。他们的行为方式很低调，也很内敛，从不锋芒毕露，更不会争强好胜，却又能在必要的时候，敢于承担重任。

内向型性格的人，在公司里面，很少提出个性化的意见，也不会激烈争吵，他们追求庄重、得体、大方，他们对细节的关注远远超出一般的标准，常常在不经意间，就能出色地完成某项工作。

在商务交流场合中，他们发言会非常谨慎，字斟句酌，尤其擅长顾全大局。他们多数时候是沉默的，在你发言的时候，他们会静静地倾听，从不打断，他们的个性和敏锐，常常被掩盖在宁静的外表下，他们有着非常强的克制力。但他们却有一双锐利的眼睛，能很快发现对自己不利的东西，然后做出有效防御。可以说，他们是谋划全局的“大将军”。

因此，内向型性格的人，在选择职业时，不妨倾向于独立性强、与事物打交道，工作内容多涉及数据、设备、专项研究等专业性较强的工作。如电子、机械、建筑等工程类，软件开发设计和测试类等技术类，质量检验和品质管理等管理类，还有会计和财务方面，以及物流操作和仓储管理，文字编辑和写作，艺术设计，市场研究等专业性工作。

外向型性格的特征与择业方向

相比之下，外向型性格的人，开朗、乐观，总是保持着积极向上的心态，善于社交，对陌生环境有极强的适应力。“快人快语”通常是这类人最大的性格特征。

“快人”，指的是气质，性情直率洒脱，心思外露；而“快语”则是指风格，先判断后思考，大胆尝试小心斟酌。在商务交流场合，他们的思维十分活跃，观点灵动，声调高而有力，能说会道，侃侃而谈，他们善于使用肢体、表情、姿态等辅助语言。

从工作实践来看，外向型性格的人常常是人际交流的纽带，是新闻消息的传播源，他们乐于和他人分享观点，更乐于学习。这样的人由于表现欲极强，又爱出风头，常常是人群的中心。在职场中，他们容易呈现两极趋势，要么受到同事喜爱，上司的青睐，成为办公室的核心人物，要么为人所忌，被同事孤立，被上司排斥，事业发展坎坷不平。

另外，大多数人还认为外向型性格的人，心思不够缜密，耐性和毅力较差，做事不能善始善终，这是外向型性格的劣势，我们需要格外注意，并弥补这些劣势。

不过，在现实生活中，投递简历时，外向型性格的人通常比内向型性格的人有着更大的选择空间，不但可以从事专业性较强的工作，也适合一些需要较强沟通力的工作，尤其是与人打交道的工作。

具体来说，比较适合商业贸易、新闻、保险服务、销售等职业。待人热情、处世圆滑等性格特点，使他们能赢得各方的好感和信任。而善于揣摩人心，擅长与各方面的人打交道，又能让他们混迹于各种场合仍能左右逢源，从事这些职业可谓如虎添翼。

总之，外向型性格之人的活力源泉在于外界，因而人际交往、公关联系、标新立异等行为都会引发他们的兴奋；内向型性格之人的活力根源在于内在，因而思考、写作、维持稳定等行为都会引起他们的兴趣。既然性格决定着职业的长远发展，那么，弄清楚我们性格的利弊，使性格与职业相配，我们就能在事业的道路上越走越顺，动力十足。

2. 面试中如何谈自己的性格缺点

面试是大多数工作者都会经历的事，面试中的表现，直接关系到我们的求职结果。很多时候，面试官都会问这样一个问题："你有哪些缺点或不足，又有那些优点？"

在回答这个问题时，很多人常常顾此失彼，无法做出合适的回答。比如有的人一心想要跳过自己的缺点，一味讲自己的优点，甚至夸大自己的优点，结果反而给面试官留下一个夸夸其谈、心态浮躁、不肯正视自己的负面印象。而有的人，虽然诚恳老实，但不知变通，将自己的缺点和不足说得过于详细，结果自然是讨不了好，只能黯然收场。

有一次，一个叫赵龙生的小伙子，前往一家银行面试，当面试官问他有什么缺点和优点时，他先是老老实实地回答："我的缺点就是特散漫，不愿受纪律约束。"本来，他的想法是，自己有什么说什么，只要把态度端正了，至少不会让人觉得他耍滑头。哪知道，他刚说完就看到面试官神色不对，当即反应过来，知道自己说得太实诚了，有哪个公司会招收一个态度散漫的人呢，心中悔恨的同时，他立即开始"自救"。只听他又说道："我父亲是干部，家中有保姆，但父母对我的要求非常严格，洗衣服、打扫卧室等家务活从来都是自己做，我很小就干过体力活，吃过很多苦，在这种成长环境下，我养成了不依赖父母的习惯，所以到了工作岗位，多大的苦，我都能吃。"果然，此话一出，面试官的神色明显变得缓和起来，最后顺利过关。

面试官在考验求职者的时候，不但要看他们的专业背景、工作经历等"硬能力"，还会从性格、品行等方面入手，考查求职者的"软能力"是否适合从事该工作，是否能融入企业文化，是否值得公司栽培，以及是否让自己看得顺眼，能够接受对方。

在这种情况下，求职者如果完全遵照事实，有什么说什么，就很容易将自己的缺点和不足彻底暴露给面试官，导致面试失败。毕竟，公司不是慈善堂，面对一些明显"恶劣"的缺点，面试官不可能毫不计较。因此，大多数时候，实话实说的人多半会被淘汰掉。

但是，说谎或过分修饰自己的缺点，这也是行不通的。面试官往往“阅人无数”，各种套路他们早已听过、见识过无数次，求职者若是过于流于形式化，很容易被面试官看穿，这样只会给面试官留下不好的印象。

那么，面试中当我们被问到自己的优缺点时，具体应该怎么回答呢？我们可以尽量做到扬长避短，告诉考官自己的个性是什么，优势是什么。当然，缺点也不能不说，是人都有缺点，如果只说优点，会显得太假。因此，我们有哪些消极面，有哪些不好的地方，有必要提一提。但是，我们一定要注意“提”的分寸，不能在缺点上花太多时间。

那些精通面试的人在介绍自己的缺点时，通常会采取欲扬先抑的手法，先简单点出自己的缺点，然后再用大量的“笔墨”描述自己为了弥补缺点，都做了哪些努力。这样的回答就显得有智慧了，既不刻意回避自己的缺点，又不会让人过多注意到这些缺点。

举个简单的例子，比如求职者想说自己性格太急躁了。聪明人不会说，“我的缺点是性格太急躁。”而是会用一种幽默的方式来表达：“我性子急，本来三步才能走完的路，我总是忍不住想要一步走完，这是不太恰当的，我现在正在学习如何一步一步走路。”

能打动面试官的回答，绝不仅仅是将自己的情况一一道出，也不是用华丽的辞藻将自己夸得天花乱坠，而是用得体的语言，将自己的优势和不足委婉地点出，使面试官觉得：这人有缺点，很真实，不假，有自知之明，懂得知耻而后勇，很有发展前途和培养的价值，这才是我们想要的效果。具体来说，我们可以这样回答性格优、缺点的问题：

（1）引用那些被自己成功克服的缺点，大力描述自己为此所做的努力。

（2）用朴实的语言说明自己从犯错中得到的收获。这样一来，雇主可以从其中了解到：首先，你可以从错误中学习、改进、成长；其次，你不会再犯同样的错误。

（3）当你欠缺工作需要的某些技能，表达自己想要学习的意愿。

（4）引用一些与本职工作不相关的技能弱点。

（5）如果面试者对你如何克服弱点心有疑虑，你要主动去解惑，提供更详细的、合理的解释。

最后，不同的性格各有利弊，对自己的性格做评价时，我们应该充分认识到这一点，这样我们才不会自卑、自负，才能做到不卑不亢。很多时候，在我们自己看来是缺点，在他人看来也许是优点。只有认清自己的长处，在求职中做到扬长避短，寻找适合自己性格特点的最佳工作，才能在面试时对自己性格的评价更自信，让面试官对我们无话可说。

3. 少说多做，务实的人更受欢迎

职场如战场，不仅竞争激烈，而且暗流湍急，一不小心，就可能落入陷阱。再加上很多企业并不像表面上看到的那么简单，在没有掌握详尽的公司状况之前，想要规避风险，让自己有一个良好的成长空间，少说多做勤汇报，是职场生存的不二法门。

但很多职场新人，耐不住性子，初来乍到就不知收敛，气焰嚣张，而一旦遭遇挫折或不顺，就开始怨天尤人，抱怨公司、抱怨同事。这样的人是不讨喜的，不但容易被上司打上不堪重用的标签，也容易被同事孤立、排斥。

郑鑫铭刚进公司不久，年轻气盛，自认为自己出身“985”高校，比其他很多本科甚至本科不到的同事要优秀得多，于是常常在公司里趾高气扬的，指点这个，教训那个。

他这高傲、自负的姿态，自然引起同事们的不满，更何况他又是一个新人，虽说学历不凡，但毕竟是后辈，谁也不服他，所以都憋着一口气想要看他的笑话。

有一次，经理交给他一个任务，让他做一份月度工作计划书，必须在一周内完成。接到任务后，郑鑫铭感到头疼。他很清楚自己的实力，以前从未做过计划书，根本不知道应该怎么做这种东西，又怎么能在一周内完成任务。可由于他平时“吹嘘”得过于厉害，经理布置任务时根本不给他拒绝的机会。没办法，郑鑫铭只好硬着头皮去做这个工作。

一周后，他没能完成任务，经理将他狠狠批评了一顿。这下子，办公室所有同事都知道他平日里是在吹牛，实际能力根本没什么了不起，于是就嘲笑他不知天高地厚。一位前辈更是直接对他说道："小郑啊，以后可别再说大话了，做人要脚踏实地才行啊。"

职场人士一般分为两类，第一种人，踏踏实实地干活儿，平时不怎么多话，第二种人则喜欢动嘴，好像什么事他都能通过嘴皮子解决。前者常常厚积薄发，在事业上越走越高，而后者多给人不老实不靠谱的感觉，得不到别人尊重，即使辉煌也只是昙花一现。

身在职场，要谨记一条法则：少说多做，踏踏实实做人做事！说得多做得少、推诿拖拉、敷衍了事，只会阻碍事业的发展，唯有认真做事的态度，才能帮助我们登上职业生涯的顶峰。

还有的人好高骛远，喜欢说大话，以显示自己与众不同，职场中这是大忌。所谓言多必失，哪怕一个人智慧如海，说得多了也容易被人抓住漏洞，蓄意针对，更遑论我们大多数人都只是普通人。因此，即使特殊情况下我们不得不开口，也需谨言慎行。

进入职场，每个人都是相对独立的个体，都有自己的隐私。在与同事交流时，聪明人会尽量闭上自己的嘴巴，凡事听听就好，不会随意开口。

当然了，少说，并不意味着我们什么也不说，而是告诉我们，在没有弄清情况前，尽量不要过多地做出任何评价、承诺和宣言。职场说话是门艺术，对于场合有一定的要求，什么话能说、什么话不能说、不同场合该说不同的话，我们都要有相应的了解。

一个人身在职场，如果不能确定自己要说的话对人、对事是否有益无害，又或者利多害少，那就不如不说，与其在唇舌上耗费时间，不如多做些事，提高自己。

每一个领域，值得我们学习的东西都很多。但很多新人在进入公司后，往往只有三分钟的热度，在自以为熟悉工作之后就会松懈下来，无所事事，这是不行的。作为职场新人，几个月的工作，只能了解到工作的皮毛，想要真正了解深层次的知识，还需要通过平时的工作慢慢积累。夜郎自大的心理一定不能有，任何时候，多做一些总有好处。多做，也不是让我们只顾着埋头盲目地做。一直默默苦干，话都不几句，连领导都忘记我们的存在，这也是没用的。只会做事，迟早要被淘汰，只有善于变通、并且善于沟通，才能在职场中如鱼得水。比如汇报工作，我们就必须说得漂亮些。勤汇报是一个及时纠正错误的好方法，也是我们和上级沟通的有效渠道。通过汇报，经验丰富的领导和同事，便能从中发现我们身上需要纠正的问题，并给出相应的解决方案，帮助我们及时调整方向，快速完美地处理工作，提升自身能力。

多做少说、脚踏实地地去工作，让自己真正地做到“敏于事而慎于言”。我们才能取得最终的成功，流于嘴上争锋，只会浪费时间浪费生命。

4. 职场不要太随和，“老好人”没发展

职场上，老好人常把建立和保持良好的人际关系作为基本目标。他们随和厚道，最大的特点就是害怕得罪人，而且不善于“拒绝”。

苏倩雨是公司里公认的老好人，有一次，同事约她下班后出去吃饭。本来她手头还有一份文件没有做完，心想着下班后加班把它做完，但面对同事的邀请，她又不想得罪对方，就答应了下来。结果一顿饭吃了几个小时，回家后躺床上就睡了。那份文件没能按时完成，苏倩雨被经理狠狠骂了一顿。

苏倩雨决定不再把时间浪费在这些无聊的约会上，而是专心投入工作。工作慢慢有了起色，而且她发现，同事并没有因为她的拒绝而疏远她。

“老好人”总是拼命地维护着所谓的人脉关系，希望在同事中成为一个合群的人，结果呢？做着本不属于自己职责范围的工作，加着本不需要加的班，过着有苦说不出的生活，别人还不一定领这份情。

这就是职场老好人，一味地付出，却从不懂得拒绝，也不知道向别人求助，面对他人的请求只会一味答应，结果常常是苦了自己。

国外做过一项名为“做好人真会垫底吗”的调查研究，根据报道结果显示：好脾气的职场人明显比那些不好搞的同事要挣得

少。再具体点，刺头男比随和男每年要多挣 18% 的收入，即 9772 美元，同样，刺头女比随和女多挣 5% 的收入，即 1828 美元。

好脾气的人为什么挣得少？是管理者更偏爱刺头吗？并不是。据新精英生涯高校事业部总监、资深职业规划师李春雨的说法，“刺头获得更多薪水的前提是，他们有脾气不好的胆量，有让自己脾气发出来并让自己收场的能力，以及更多耍脾气的机会。”

可见，管理者并非更偏心那些无理搅三分的人，而是听到了那些有胆量、有能力、有机会，敢于表达自己立场的人的声音。知道了他们心中的想法，然后做出了反馈。但那些老好人往往是只进不出，领导无法知道这些老好人的诉求，自然不会有什么反馈了。

自己的利益自己都不争，谁有工夫替你争？想要就去告诉对方，这样人家才会知道你的想法，然后考虑是不是要给你。如果你一直不说，那么别人当然不会主动考虑，给你想要的东西了。

再则，老好人由于不愿意得罪人，所以大多数时候都没有自己的原则，习惯于讨好每一个人，不愿意得罪每一个人，这样的结果就是，容易在人们眼中留下一个和稀泥的印象。比如，公司要做决策，势必会产生冲突，而老好人为了明哲保身，基本没有自己的立场，既不反对任何人，也不赞成任何人，犹如“透明人”，试问，哪家公司会重用这样的人？

因此，我们需要明白一个道理：身在职场，还是不要仅仅只当一个老好人，这样既苦了自己，也很难收获同事的友谊，更会让上司看轻我们，进而断送我们事业上的前程。该是我们的就要大胆争取，该拒绝的时候就要大胆说不，只有这样才能在职场上乘风破浪。

此外，想要在职场有所发展，我们还应当注意，遇事要有自己的主见，不能什么事都听上司或同事的。这样的人只能跟在别人身后亦步亦趋，没有什么发展前途。

职场中有两种最常见的人，一种人是很有主见的那种，接到任务之后，就会按照自己的想法去做，能独自把任务搞定。另一种人是没什么主见，拿到任务后就会询问上司的意见。在任务执行的每一个阶段都会征求上司意见，这等同于将上司绑架进你的任务，试问哪个领导会愿意呢？

前一种人，很多上司会喜欢用，因为省心。而且这类人如果培养得好，通常会成为得力大将。而后一种人，即使能力不错，甚至很好，也很少有上司会喜欢。原因在于，这类人随时都在请教上司、照顾上司的感受，这让上司感到厌烦。上司会觉得：本来就该独立完成的事情，老是请教别人，这是没能力、没担当的表现，这样的人不值得培养。

在实践工作中，老好人最容易给人留下“没有主见”的印象。所以，想要在职场中站稳脚跟儿，获得发展，我们还应该有自己的主见，自己的原则。该是我们自己搞定的事，就拼尽全力去完成它，属于我们的权力范畴，就不要唯唯诺诺，大胆地去做。

5. 职场老油条，别让斤斤计较毁了你

职场上常常有这样一种员工，他们斤斤计较自己的得失，为了一点小小的利益与同事争破头皮，不肯吃一点小亏。

比如，公司给员工发放一批福利品，最后剩下一件，某个精明的职员就会跳出来，以某种借口将其据为己有，而其他同事也不好意思说什么；又或者是上司分给部门一个临时任务，这个员工一看任务有些麻烦，便借故推给其他同事，自己则一身轻松……

这样的精明，表面上看起来似乎十分实用，但是实际上却是在耽误自己。斤斤计较，不肯吃一点儿亏，凡事都想着赢，这是与同事相处的一大禁忌。

因为如果一个人花太多时间和精力在这些鸡毛蒜皮的小事上，那么他花在工作以及提升工作能力上的时间和精力就势必会减少。长此以往，自然被别人拉开距离。反过来，如果将这些斤斤计较的精力、时间都花在全力提升能力上，自然就能胜过他人。

越在乎就越容易失去，不如放开胸襟，一笑而过。为一点小事而着急上火，最后往往会因小失大，令自己后悔莫及。

陈启明刚进入公司时，没有人将他放在眼里，学历不高，人长得一般，看上去还显得傻里傻气的，听说他应聘的时候，连薪酬都不提。这在大公司，最是让人瞧不起。因为在这些人看来，

陈启明这种人，就是那种没有实力，空有自知之明的家伙。

进入岗位后，陈启明也确实表现得很“老实”，别人不愿干的活儿，交给他准没错，领导的话他从来不反对。用他的话来说，领导站得高，看得准，不会错的。

单位分房时，别人都全力以赴争取，他却说领导自有安排，用不着他费心，于是他被安排出差了，回来后房子都没了。配备公务用车时，比他晚进公司的人都有车开了，就他没有着落。在大家的记忆里，陈启明从没有因私事找过领导，他也从不为此烦恼。

大家叫他“阿甘”，大傻个儿一个。一晃五六年过去了，虽然陈启明工作很努力，但进步速度仍属中游，他还是那样不争、不抢、不急、不躁。

一年前，公司新组成了一个部门，出人意料地，公司上层竟然选中了陈启明作为该部门的负责人。如今一年过去，陈启明将这个部门管理得有声有色，一年之内三次晋升，令众多同事大跌眼镜。

“舍利取义，经营人心。”在别人都为自己的利益争取时你不争，这就凸现了你的境界；在大家都不愿干“苦活”时你愿意干，这就体现了你的忠诚。老板最珍视“性价比”高的员工，为了给全体员工一个明确的导向，他们会对这种员工给予重用或褒奖。同时，在明显的利益面前不争，很多时候还会让我们赢得同事和客户的青睐，获得额外的利益。

因为阿甘式的人物，比那些寸利必争、精于算计、钩心斗角的人，更让人感到轻松、值得信赖。

“财散人聚”，舍小利方能聚人气，方能收获真正的财富。因此，有些事一定不争，有些事一定要干。想要在单位里成为骨干，就要像在家里做兄弟姐妹中的老大那样，懂得关心与谦让。

王力克是一个“不争”的人，平时有什么好处，若是同事需要，他都会大方让出。用他的话来说，这是急人之所急。公司里大部分同事都受过他的恩惠，久而久之，大家都觉得过去太亏待他，他是一个好人，不应该总是吃亏。于是在一次年终总结会上，面对业绩并列第一的王力克与另一位同事，大家投票，将唯一一辆奔驰车大奖给了王力克。

“不争”不是什么都不争，而是要清楚争的内容、时机和方式。争的最高境界是争而无痕。就像王力克，他看似不争名利，舍己而成全他人。实际上，他已经赢得了人心，这是比表面上的小利小惠更有价值的东西。

人心是最大的财富，当别人对你有亏欠心理时，总想要寻找机会予以补偿，其次才是物质财富。争小利而误大局，这是不值，争显利而误潜利，这是不智，争同事的利而失人心，这是不仁。竞争本身不伤人，可妨碍别人的利益却招人恨。

职场生活，每天都在重复上演争与不争的情节，我们可以得出这样一个结论：先别人之忧而忧者，往往“忧”得最少；后别人之乐而乐者，往往“乐”长。

绝大多数斤斤计较的人都有这样一种心理：如果自己不表现得强势一些，别人就会觉得自己是个好欺负的人，就会变本加厉地欺负自己。抱着这样的心态，他们恨不得将自己武装得坚不可摧，让人心生敬畏。殊不知，一个人越是斤斤计较，越容易因小失大。人在职场，须有一定气量，斤斤计较的性格，只会阻碍我们的成长。

6. 职场需远离暴躁，管好脾气增长能量

职场中要懂得控制自己的情绪。避免不良情绪的发生，是一个人成熟的表现。真正的职场精英，其最大的竞争力不仅是工作能力，还在于他们的自控能力。

赵云昌和唐仕荣都是同一家公司的经理，职位和能力两人都差不多，但两个人性格却是天差地远。赵云昌喜怒不形于色，哪怕再生气，也很少在同事面前发泄怒火，而唐仕荣则是出了名的“火山”，心情不好就会迁怒他人，整得办公室里没人喜欢他。

有一次，公司组织了一场业务竞赛活动，比拼各部门的工作业绩，赢的部门可以获得“华山三日游”奖励，唐仕荣摩拳擦掌，想着在比赛中一举夺魁，扬威公司。

然而，等最终结果出来后，他却惊讶地发现，自己的团队竟然只是第七，排在他前面的足足有六个团队。最关键的是，平时就压他一头的赵云昌竟然得了第一。气得肝火直冒的唐仕荣当场爆发，抓住自己的一名员工就大吼起来：“怎么搞的，不是让你们拼尽全力吗？你们看看，现在被别人超过了吧，废物，真是废物。”被他骂得狠了，他手下的员工接连好几天都躲着他。自那

之后，办公室里开始流传着他的一些闲言碎语，慢慢地，他手下的人甚至不服他管了，说他没能力，只会骂人。不久后，公司在考核经理业绩时，唐仕荣因为品行和业绩双双不达标，被撤换了。

与同事来往，跟上司打交道，跟客户交流，我们都需要平心静气，有事说事。如果控制不住自己的情绪，怒气冲冲地向别人表达自己的不满，很可能激怒对方。工作中，很多人都会遭遇情绪失控，这种状态对一个职场人士而言是大忌。尤其是性格暴躁的人，往往会因为控制不住自己的情绪，做出令自己后悔的事情，既伤害别人，也伤害自己。

身在职场，我们追求的应该是解决问题，而不是制造问题。情绪失控，爆发出自己的不满和怒火，对解决问题毫无意义。所以即使感到不公平、不满、委屈，也应该尽量使自己先平静下来再说。过于情绪化，将使我们无法清晰地传达心中的想法，这是要不得的。

我们常说，怒火冲坏了脑子。可见，一个人在极度愤怒、暴躁、情绪激荡的时候，头脑很难保持清醒。想要冷静思考，我们就需要管理好自己的情绪，以免出现错误的判断。那么在职场中，我们应该如何控制坏情绪，用客观的角度分析和解决问题呢？

理智的头脑

增强理智感，可以使我们遇事多思考，多想想别人，多想想事情的后果，以此来引起警惕，知道什么话该说，哪些事该做，然后认真对待，慎重处理。当与人争吵时，也可反复提醒自己："别发怒，要冷静。"这样就可以遏制情绪冲动，避免不良后果。

忧患的意识

凡事预先考虑后果，不要一味地被情绪掌控。要知道你的不满和委屈会把事情弄得更糟糕，就事论事地讨论和分析问题才是最佳的解决方法。面对一件事，首先要学会冷静地分析前因、后果，然后想办法来克服。

换位的思考

心理换位，就是站到对方的角度想问题，与他人互换角色或位置。有道是将心比心，通过心理换位，充当别人的角色，来体会别人的情绪与思想，这样就有利于防止不良情绪的产生或消除已产生的不良情绪。当同事触犯自己时，我们也可以站在同事的角度想一想，可能就会觉得同事的行为情有可原。这样，不良情绪就会减弱，甚至消失了。

升华的情绪

这里的"升华"，其实指的就是将消极的情绪与头脑中的一些闪光点联系起来，将痛苦、烦恼、忧愁等其他不良的情绪，转化为积极而有益的行动。比如，当我们的工作业绩不是很理想时，我们可能会情绪低落，但我们也可以换一种角度去看问题，这样想：现在业绩不好，说明我还有提升空间。这样就把消极情绪转化为积极的行动了。

恰当的发泄

美国的罗宾森教授曾说："人有时会很自然地改变自己的看

法，但是如果有人当众说他错了，他会恼火，更加固执己见，甚至会全心全意地去维护自己的看法。不是那种看法本身多么珍贵，而是他的自尊心受到了威胁。”很多时候，场合能决定一个人处理和面对问题的态度，千万不要在正式场合表现出激烈的愤怒，那样会将对方逼入绝路。

很多事可以有多种处理办法，遇事要灵活，不要太过随意。肆意发泄情绪，固然令人感到快意，但无益于问题的解决。性格过于暴躁的人，不但容易一下子把人得罪死，还容易使人失去理智，产生误伤，这是得不偿失的。相对而言，在职场中我们不仅要控制自己的情绪，也要远离那些情绪暴躁的人，这样才能享有一个和谐的职场环境。

7. 一盎司的忠诚抵得上一磅重的聪明

根据一项涉及全球4000多名白领的调查数据显示，在大多数公司，最终获得升迁的人，往往不是工作能力最出色的员工，而是那些忠诚度高的人。美国心理专家罗伯茨·希姆的话，很好地解释了这种现象：在聪明和忠诚面前，老板的选择永远是后者。

王元海是一名猎头经理，他每天都要筛选海量的简历，用“阅人无数”来形容他的工作一点儿都不夸张。据他透露，他“阅人”从来不是一视同仁，有一类简历，他浏览的时间不会超过10秒钟。这种简历就是在一家公司工作时间不满2－3年的那种。

王元海说：“候选人连续两份工作都不满 2－3 年，是用人单位比较忌讳的。连续三份工作都是一年多的，除非是专业人才，不然都不会重视。我们猎头找的一般都是高端人才，如果一个人在一家企业工作不到两年，很难相信他会有什么大贡献。”

毫不忌讳地说，很多时候大家只能从简历上判断一个人是否靠谱，而这种判断的凭据就是忠诚度，即“工作年限的长短”。工作年限除了跟一个人对行业了解的深浅有关，还跟一个员工对企业的忠诚度直接挂钩。

由于经常接触那些公司老总、人事总监，王元海非常了解他们的心思。据他透露，忠诚度是困扰老板的一个大问题。一个员工是否忠诚，通常会影响到公司的整体业绩，尤其是那种关键项目的负责人，一旦跳槽或离职，搞不好会给公司带来巨大损失。

因此，对于用人单位来说，他们宁愿找一个忠诚度高的人慢慢培养其能力，也不愿找一个能力足够，但忠诚度不高的“白眼狼”。

“忠诚胜于能力”，这是美国海军陆战队 200 多年来最重要的作战箴言，也是世界 500 强企业选人、育人、用人、留人的重要标准。而对我们个人而言，忠诚可以使我们在职场中发挥最大的价值，获得最大的利益，也会让我们得到企业的长久重用。

汉武帝时期，大将卫青，号称百战百胜，在和匈奴的作战中屡立战功，是当时朝中声望最高的军事统帅。再加上他的姐姐又是卫子夫，汉武帝的皇后。可以说，他称得上是一人之下，万人之上了。然而，官至如此，卫青却从不跋扈，反而小心异常。

有一次，右将军苏建对匈奴作战失败，卫青随军的将领都说，要杀掉苏建以振军威，但卫青却说要先请示汉武帝怎么做。最终，汉武帝将苏建贬职流放，同时，对卫青事事遵从自己的做法很是满意，更加器重这个忠诚的小舅子。

对于领导而言，最重要的永远都是“忠诚”。一个下属，如果能力不够，只要经过悉心培养，总能找到适合他的岗位，但如果忠诚度不够，领导就很难放心了。他们会想：这小子以后会不会背叛我？他现在是不是做样子给我看，实际上心里不服我？

从现实来看，一旦领导心里对我们产生了怀疑的想法，再怎么努力地表现，也很难真正得到他们的赏识。至少需要比别人付出更多的辛苦和代价。

任何一个老板都希望员工是忠诚的，他们会把那些对公司毫无责任心的人拒之门外，哪怕他们有着超人的才华。不忠诚，或表现得不忠诚，就注定会被边缘化。并且，从另一个方面讲，忠诚能增强责任意识。一个对企业忠诚的员工，他会时刻以主人翁的精神来对待工作，为企业的发展劳心劳力，同时能力也会不断增强。

正如海林橡塑制品有限公司，该公司许多员工在企业工作了30 多年，他们见证了企业由小到大的发展历程，同时，他们自己的价值也在工作中得到充分体现。企业也以更优厚的待遇来回报他们的忠诚，对于 20 年以上的员工，公司额外给他们增加两份商业保险。

如果对企业忠诚，我们不仅会获得财富和荣誉，还可以不断地充实自己，使自己的价值得到体现。没有哪个公司会不珍惜自家的忠诚员工，几乎每一个管理者都知道，正是这些“死忠粉”，才撑起了公司的百年事业。

最后，忠诚不是简单的概念，也不是单向付出，更不是愚忠，而是要首先忠诚于自己的职责和事业，把自己的职责、事业与企业的发展结合起来。当然，这并不意味着，有了忠诚就有了一切，真正的忠诚是有能力的忠诚，是为了忠诚而努力提高自己。

总的来说，忠诚是为人处世的第一原则。一个人缺少能力，还可以通过团队协作加以弥补，但如果一个人缺少忠诚，那是任何方法都难以弥补的。从这个角度讲，一盎司忠诚抵得上一磅重的聪明，想要在职场混出头，混出成就，我们就要多一些忠诚。

8. 虚心的性格是职场中的一大财富

人们常说，骄傲使人落后，谦虚使人进步。事实是，在现代职场中，骄傲不但会使人落后，还会招人记恨，平白给自己惹来麻烦，为自己的事业发展增添坎坷。资深经理王悦就曾感慨道：“人在职场不能太骄傲，否则只能自己吃亏。”

女孩儿张静妍，人挺聪明，办事能力也很强，本质并不坏，就是有点儿自以为是。刚进公司还好，没多久就有些“翘尾巴”了。

由于她善于学习，工作也很努力，很快就追上了公司里一些老资历的前辈，老总也对她器重有加。渐渐地，她开始有些“飘飘然”了，对其他部门经理安排的任务爱理不理，心情不好了就借故推脱本应该是自己的工作。她的口头禅就是：老总都没安排我做这个，凭什么。

有一次，一位经理让她帮忙整理报表，可张静妍却说这不该她管。那位经理当时就来火了，道：“静妍，连我的面子都不给么，别忘了当初是谁手把手教你业务的。”原来，刚进公司时，正是这位经理带的张静妍，正是有了对方的帮助，她才能进步神速。眼见这位经理发火，张静妍这才讪讪地说：“你跟老总说一声，如果他没其他工作，我就帮你做。”事情最终还是解决了，但从这以后，张静妍的名声也算坏了。

一年后，老总升职，被调往总部，新来的老总对张静妍的工作作风很不满意，这下她可傻眼了，再也没人“罩”着她了，迫于压力，没过多久，她就主动辞职了。

天津博士达营销咨询有限公司的一名经理刘杨认为，别人对自己有过帮助，一定要知道感恩，尤其是职场新人，有了成绩就翘尾巴，这样做的结果往往不会太好。

职场中各种纷争虽然普遍，但作为新人必须要坚忍，无论何时都要学会“夹着尾巴做人”，否则最终吃亏的只能是自己。保持谦虚的性格，不但能隐藏我们的锋芒，免于落到风口浪尖之上，还能使我们收获别人的好感、同情，乃至支持。

德洛斯资本首席运营官桑杰·桑吉，在刚进入华尔街的时候，因为渴望得到那些大人物的重视，于是开始到处虚张声势，竭力摆出权威的样子，向老板们提出尽可能多的建议。然而，在屡屡碰壁之后，他才醒悟过来：自负和独断，并不能让自己看上去比别人更优秀，毫无根据的虚张声势也骗不到任何人。

于是他开始意识到谦卑的重要性，开始摆正心态：自己并非金融天才，也没有成长为优秀的金融家，需要学习。认识到这一点，他开始虚心请教，不再到处招摇撞骗，很快就学到了新东西，使自己成为了一名名副其实的华尔街金融从业者。他还说，是谦卑让他觉醒和成长。

有人说，在现代职场里，谦虚已经过时了，是软弱和不自知的表现。诚然，现代职场的确需要一些个性才可以刺激发展，因循守旧不可取，妄自菲薄也不可取。但是，个性一旦超越了大众接受的范围，就会被称为“自以为是”。人在职场，最忌讳做“出头之鸟”，不但会被“枪”打，还会自我膨胀，导致心态浮躁，不肯脚踏实地地学新东西。

当今社会，日新月异，技术和知识的更新速度，超越以往任何一个时代，一天不学习就会落后，一个月不学习就会被淘汰。不管是职场新人还是职场老手，都要放空心态，脚踏实地，只有这样，方可换来真正的进步和发展，才能跟上时代的步伐。

当然，谦逊并非让我们一味退缩，看轻自己，而是要求我们端正态度，不可轻易就骄傲自满，驻足不前，要保持一颗不断进步的心。那么，具体该怎么做呢？

时刻问问题

虽然人人都希望避免向同事暴露自己的弱点，但反过来也是正确的。同事会因为我们有勇气承认自己在某方面的不足而对我们心生敬意。没有人是无所不知的，也没有人是完美的，不要把时间浪费在让自己始终看上去很聪明，不懂就问更重要。

勇于承认错误，避免逃避的心理

职场中最糟糕的情况，就是犯了错却拒绝承认，这种行为表明：犯错的人不可靠且缺乏专业精神。敢于承认自己的错误，并且努力改之，我们才能认识到自己的不足。

不要高看自己，轻易提出建议，切忌代替上司、前辈做决定

永远不要为了取悦上司，或彰显自己的实力，而做出自己没有权力做出的决定，或没有充足知识支撑的决定。想给上司留下深刻的印象，或希望打动团队的领导者，我们必须先做好功课。否则，头脑一热就做出的决定，通常只会显出我们的轻浮草率。

人外有人，天外有天，尤其是现代职场，其中更是高手如云，能者无数。即使我们的学历有可能比对方高，也不代表对方的能力就比我们差，每个人身上都有值得我们学习的地方，学会取长补短，借以完善自身，才是聪明的做法。

9. 自以为是，刚愎自用的人难得重用

自以为是，刚愎自用，其实就是傲慢自大，自命不凡，看不起别人，总认为自己才是对的，不接受他人意见。通常情况下，这种人可分为两种，一种是觉得别人的想法和自己是一样的，习

惯主观臆断，不懂得换位思考。另外一种则认为自己很了不起。

但不管是哪一种，在职场里，这样的人都很难受到重用，也很难与同事友好相处。因为把自己看得太重要、太高明、太有能耐，以为公司缺了自己就不行，以至于不能客观地审视自己，容易自我膨胀。

建兴六年，诸葛亮决定北伐，马谡自告奋勇，要当北伐先锋、死守街亭。诸葛亮曾再三嘱咐：街亭虽小，关系重大，部队要靠山近水安营扎寨，千万要谨慎小心。

但马谡一贯刚愎自用，率军到街亭看了地形后，觉得诸葛亮过于谨慎，认为这么偏僻的地方，司马懿肯定不敢来犯，公然违抗诸葛亮的命令，在高山之巅安营扎寨。当时，副将王平劝阻他，说："街亭山上一无水源，二无粮道，若魏军围困街亭，切断水源，断绝粮道，蜀军则不战自溃。"马谡却一意孤行，坚信自己，说："居高临下，势如破竹，置死地而后生，这是兵家常识。我将大军布于山上，使之绝无反顾，这正是制胜之秘诀。"王平再谏："如此布兵危险。"马谡见王平还不服，顿时火冒三丈，当场怒斥道："马谡通晓兵法，世人皆知，连丞相有时也要请教我。你王平生长戎旅，手不能书，知何兵法?"王平无奈，只好顾自分兵五千去山下驻扎。

待曹魏名将张郃率军到达街亭时，一见眼前情景，不禁喜出望外。没多久，马谡的部队便因没水没粮溃不成军了，继而张郃又发起火攻，马谡顿时惨败而归。

古希腊有一位先哲说过这样的话："傲慢始终与相当数量的

愚蠢结伴而行。傲慢总是在成功即将破灭之时，及时出现。傲慢一现，谋事必败。”简单来说，一个人如果太骄傲，就会藐视一切权威，藐视一切规则，变得妄自尊大，变得谁都瞧不起，就算是有人劝他该如何如何，他也仍旧固执地坚信自己的所作所为并没有错。

听不进劝，不承认世界上有比他更强更高的人，不承认客观实际，目空一切，那么这个人就会严重脱离实际，最后只能是孤家寡人。

一个人力资源专家指出：现代年轻人在职场中普遍表现出来的自负和自傲，使他们在融入工作环境方面显得缓慢和困难。缺乏合作精神，不愿和同事一起想办法，只认同自己的想法，最后对公司一点儿用也没有。

职场人士最忌骄傲自负，一山还比一山高，比你优秀的人才多不胜举，在自己还未曾有过丝毫成就之前，最好踏实走好每一步，不要因为一次小成功就沾沾自喜。

当然，大多数自以为是的人，身上确实有着可以自豪的地方。聪明机敏，才能不凡，对组织、对公司有所奉献，这都是人们佩服他们的地方。但是，刚愎自用，自以为是者，总喜欢将自己的优点和功劳挂在胸前，把缺点和过失放在背后。他们孤芳自赏，永远只能看到别人身上的缺点，却看不到自己的不足。

其实，每个人都是优点和缺点的混合体。要想使事业发展得顺利，我们就得学会低下高昂的头，去发现别人身上的优点，去肯定别人的功劳，多发现自己的不足，并将其弥补。否则，不但不能取得事业的发展进步，反而会被公司扫地出门。

骄傲使人落后，谦虚使人进步。世界是发展变化的，一个人再有能耐，也只能证明他的过去和现在。强中自有强中手，说不定哪天就来了个更加能干的员工，说不定哪个曾经被我们忽视的人，在不知不觉中就迎头赶上、超过甚至替代了我们。

有人问苏格拉底："你是天下最有学问的人，那么你说天与地之间的高度是多少？"苏格拉底毫不迟疑地说："三尺。"那人不以为然地道："我们每个人都有五尺高，天与地之间只有三尺，那我们岂不是要戳破苍穹了？"苏格拉底笑着说："所以说，凡是高度超过三尺的人，要长立于天地之间，就要懂得低头啊。"

越饱满的麦穗越低，半瓶水叮当响。不论我们的资历、能力如何，在整个社会中都只是一个渺小的人类，要学会低头，时刻保持谦虚的心态。当我们把奋斗目标看得更高时，更要在学会低调，在生活中保持低姿态，把自己看轻些，别人看重些。

真正的职场精英，对于自己的观点、做事方法等，必然是持保留态度的，他们会坚持自己的想法，但同时也会听取别人的意见和观点，不断完善自己，使自己进步。固执己见，强行输出自己的观点，是职场大忌，即使确信自己是正确的，也不必和别人针锋相对。须知，以退为进更容易说服别人，刚愎自用，只会让自己陷入尴尬。

10. 猜疑心太重的人不适合当领导

当领导，成为管理层，是绝大多数职场人士的梦想，也是无数人的追求。但是，纵观古今，横看中外，不论是古代皇朝，还是现代企业、跨国公司，有的人似乎不适合当领导，即使他们有心做出一番事业，往往也只能以失败收场。

一家 IT 公司，因为在推广方面缺少能手，于是老总不惜花重金请来一名营销精英，刚开始这名特邀精英也确实发挥了自己的专长，做出了不错的成绩。然而，紧接着公司方面就不断给他增加任务目标，他做的每一份方案老总都很少细看，看似是信任，却又经常在执行中跳出来，按照自己的想法修改。这让营销精英苦不堪言，计划总是被打乱。

渐渐地，营销精英发现，自己不但要保证目标完成，还要顾及老板的喜好，不然，自己的方案就有可能在执行到一半的时候被中止。感到十分疲惫的他开始敷衍，最后干脆老总怎么说他就怎么做，把专业的事都交给老总来做，他则成了一名单纯的执行者。

不到一年，公司的推广目标没能达成不说，这位营销精英也因为业绩不达标，工资待遇一降再降，最后只能离职，而公司也陷入了入不敷出的状态，最后破产。

爱疑神疑鬼的人，看似在怀疑别人，实际上是对自己有怀疑。有些人在某些方面自认为不如别人，因而总以为别人在议论自己，看不起自己，算计自己。而身居高位，又担心有人觊觎自己的权威，这其实是一种以己度人的心理罢了。一个人自信越足，内心越坦荡，就越容易信任别人，越不容易产生猜疑心理。

从实际来看，性格合适与否，是影响一个人能否成为好领导的重要因素之一。其中，猜疑心太重的人，通常不太可能成为一名优秀的、受人敬重的领导。有道是“用人不疑，疑人不用”。既重用对方，又怀疑对方，不但会打击员工的士气，阻碍员工的进取心，降低团队的工作效率，也会掩盖领导的魅力，削弱领导的威信，以及领导的能力。

用人不疑，说起来容易，做起来难。人类几千年历史中，尔虞我诈、谗言肆行的例子比比皆是，不管是多么开明的领导，也难免会对下属心生猜忌。如曹操、崇祯之流，就因为疑心病过重，即使手握丰富资源，麾下能人无数，也逃不过一个“败”字。

崇祯的确是一个勤奋的皇帝，一心想要重振大明江山，每天批阅奏章到深夜。但是他极度不相信下面的大臣，为人做事十分阴损，他常常先让下面的大臣提意见，提了意见后，再让大臣们去执行，但出错以后，他就怀疑是大臣别有居心，就要杀了这些大臣。

所以明朝灭亡得很快，也很戏剧性。史书评价，明朝既亡于外患，也亡于天灾，更亡于内患。这内患其实有很大一部分责任就在崇祯的疑心病上，让大臣们失去了对皇室的维护之心，人心尽丧，自然就兵败如山倒了。可以说，崇祯之败，在疑心病也。

从心理学角度讲，猜疑心理是常见的心理之一，也是人性的弱点之一。疑心重的人思虑过度，凡事都爱往坏处想，经常捕风捉影、无中生有，正如培根所说，“猜疑之心犹如蝙蝠，它总是在黄昏中起飞。”这种心理是乱人心智的，它能使人陷入迷惘，混淆敌友，从而破坏人际关系。

疑心重的人往往会很敏感，发现一些征兆便陷入冲动当中，然后胡思乱想。其实心生疑虑并非坏事，是忧患意识的一种表现。但是过度猜忌则会让自己处于风声鹤唳的境地。

如何避免不必要的猜忌呢？当怀疑的念头萌生时，先不要冲动，用理智思考，找到这个念头产生的原因，然后排查是否有足够的依据支撑这个疑虑，不要轻易为自己的怀疑提出主观的单方面的依据。一个领导，如果仅凭自己的主观臆断就指责、怪罪员工，往往会犯错误，并对员工造成伤害。

另一方面，现代职场尔虞我诈，钩心斗角，竞争可谓十分激烈，身为领导，步步为营已成为本能。关键是我们一定要秉持辩证的态度，大胆设想的同时，也要小心求证。有误会及时消除，最好是同我们怀疑的对象及时沟通，开诚布公地交流想法，以便弄清真相。所以，对领导而言，与员工保持交流极其重要。

猜忌、怀疑，永远都是破坏团队关系，瓦解上下关系最有力的利器。一个领导如果对员工心生猜忌，重用对方的同时又戒备对方，势必会造成双方的隔阂，轻者上下级关系不和睦，重则给团队埋下一颗定时炸弹。作为领导，80% 研究人，20% 研究事，性格多疑不是好事，领导应该让自己胸怀坦荡一些，只有先付出了信任，才能收获信任。

Part 6

激活你的财富性格，轻松进阶富人圈

1. 穷人喜欢消费、富人关注投资

有人说，穷人和富人的区别，不仅仅在于财富的多少，还在于思维方式的不同。形象地说，在富人手里，钱是鸡，会生蛋；可在穷人手里，钱是蛋，吃完就没了。

以美国为例，一般富足的家庭，只有20%的收入来自投资活动，超级富豪的收入，则有43%来自于投资活动。相比之下，穷人的收入，则有80%……来源于上班。这就是穷人和富人对待金钱的态度差异：穷人为钱工作，而富人让钱为自己工作，让钱生钱。

郭太宇和郭太玉是亲生的两兄弟，都是从农村走出来的，但两人的家庭财富却不可相提并论。郭太宇在一年前才东拼西凑，在县城三环边上买了一套房，而郭太玉早在三年前，就已经在县里最好的高中学校旁边买了一套学区房，现在正准备买第二套房。

兄弟俩之所以区别如此之大，全在于两人的理财理念差异巨大。早在三年前，两人都从大学毕业，进入公司，哥哥郭太玉进的是国企，一个月工资也在6000以上，而弟弟郭太宇则是进的私企，但却是时下最火爆的IT行业，工资比哥哥还要高个一两千。

当时，县里搞规划，其中一个靠近县中学的小区翻新，开发商为了业绩，顺势推出购房优惠活动，首付只需要5万。哥哥郭太玉心思一动，连忙叫上弟弟郭太宇，准备找银行贷点儿款，买上一套房。郭太玉的想法是，先买房子，自己年轻用不着，将房子单间租出去，那里是最好的学区房，一套3居租给三个人，一个月的租金不比工资低多少。

然而，郭太宇却认为，自己刚刚参加工作就向银行贷款，未来的生活肯定会很艰苦，不如先攒钱，够了再一次性付清，生活压力也小一些，就拒绝了哥哥的提议。

就这样，郭太玉贷款买了房，第二年就简单装修了一下，租出去了，两年下来，相当于每个月都收双份儿工资，今年刚好攒够第二套房的首付，准备买一套婚房。而弟弟呢，累死累活，也只是勉强攒够一套三环边上三居室的首付，差距越来越大了。

畅销书《富爸爸，穷爸爸》系列书籍的主要作者，罗伯特·清崎曾经说过："富人买入资产，穷人只有支出，而中产阶级则买入他们以为是资产的负债。"

什么意思呢？意思就是富人不做自己能力范围以外的事情，他们总是最后才买奢侈品，而在此之前，都将财富用于投资，用于再生产，以至于资产如同滚雪球，越滚越大，最终取之不竭。

相反，穷人却往往更加倾向于一次性消费，及奢侈品消费。在穷人的资产表上总是负债大于资产，因而穷人须不断努力工作，才能使资产追得上那重重的负债。

比如，生活中不乏有年薪20万的"穷人"，他们把钱变成了衣服、化妆品、汽车，又或者是到各处旅游潇洒，美其名曰"享受生活"。但他们大多止步于此，谈不上真正的富有。也有年薪5

万的“富人”，他们把钱变成了能增值升息的资产，房产或者成长股，然后再用投资赚来的钱去享受生活。前者的资产始终都是年薪 20 万，而后者的资产却可能一路上涨。

当然了，穷人也节俭的，但多数情况下他们不是生性节俭，而是因为没钱消费。大多数穷人只要有了点钱就想去消费，过过好日子，而不会去投资。富人也消费，甚至是奢侈的消费，但他们消费的钱多来自额外收入，比如投资收益，更大份额的钱还是用于投资。

这就是穷人和富人对待财富的态度差异了。穷人将财富视作消耗品，认为金钱就是用来消费的，即使有储蓄的习惯，其最终目的，也不过是为了消费的时候能更有保障罢了。换言之，对穷人而言，钱用了就没了。但富人不同，他们将财富视作可再生资源，认为财富是会不断增加的，所以他们将自己大部分的财富用于“再生”，只花少部分。

因此，想要成为富人，不再为财务发愁，我们所要做的，就再也不是花掉手头上得来不易的钱，填补购买负债而产生的现金缺口了。而是要学习投资知识，用收入来投资，以获得资产，同时用资产来投资产生收入。也就是通过投资，产生额外现金流。

另外，中国人自古就有购置房产的“基因”，再加上如今人们的物质生活水平高了，又有了“购车”的风潮。但是，在中国大部分地方，房地并不是很值钱，也并不是每个人都能买得起车的，如果我们只是抱着“拥有它们”的心态购买它们，就只会产生“支出”而无法获得回报。比如贷款购房的月供，分期付款的购车费……这些都是支出。

但如果我们能够转换思维，将它们用作生财工具，比如购买的轿车可以加盟共享汽车，购置的房产可以租出去，那样我们就有了收入，这也是一种投资。

财富是设计出来的，富人的人生是规划出来的。改变我们惯性的“消费思维”，不要再把金钱视作消耗品，而是将财富更多用在投资上，我们就可能成为富人。

2. 判断一个人能否成为富翁，看他的胆识就可预测

中国有句古话是这么说的，“撑死胆大的，饿死胆小的”。韩国现代集团创始人郑周永说：“世界的改变，生意的成功，常常属于那些敢于抓住时机，敢于冒险的企业家。”判断一个人能否成为富翁，看他的胆识就可以预测了。胆子够大，敢于尝试新鲜事物，别人不敢干的事情，他敢去做。这样的人只要机会来临，必定“一遇风云便化龙。”

海南腾龙企业集团公司董事长兼总裁冼笃信，就是一个胆识过人的人。1984 年，海南兴起一股汽车狂潮，冼笃信抓住机会，将汽车销往内地。但没多久，海关清查此事，冼笃信成了审查对象。最后团队散伙，他一个人回了老家。不过，他手里还有 30 万的资金。30 万对于 30 年前的人们来说，已是天文数字。许多人可能会安享天年，但冼笃信却不甘心，拿这 30 万开了几个饲料厂。到了 1987 年，他已有近百万资产了，接着他又出资创办了腾龙实业总公司，并担任总经理。

公司成立后，冼笃信决定与国外两家房地产公司联合，在三亚市开发房地产，三家公司一共出资2000万元买下了一些工程项目。那个时候，中国旅游业还未兴盛，但冼笃坚信三亚是一个很有潜力的旅游城市，于是成为了三亚第一批开发地产的客商。可人算不如天算，2000万元刚刚投下，全国性的整顿治理就开始了，紧缩银根，控制贷款，停建楼堂馆所……一下子，三亚房地产市场的前景迅速黯淡下来。

面对难测的形势，合作伙伴打了退堂鼓，冼笃信狠下心，向银行贷款1000万，买下了伙伴公司的全部股份。可以说，如果形势不能好转，他将背负巨额债务。可冼笃信却有着强烈的信心，他开发了三亚市第一个房地产工程，又修了一条河堤，疏通了一条公路和几条大道，填海六十多万方。有人说他傻，有人说他笨。可没过多久，形势开始好转。两年后，冼笃信这笔投资四千多万元的房地产生意，给他带来了至少1个亿的纯利润，腾龙公司也因此跻身于中国大公司的行列。

胆子大，自然机会多；胆子小，机遇也会流失。很多富人都有赌徒的性格，这并不是坏事。大把下注虽然风险大，但赢起来也痛快。小心谨慎，步步为营，也容易错失良机。还有一种人，看见别人投资赢了，忍不住也想搏一把，可又患得患失，瞻前顾后。最后白白看着机会流走，又或者一个猛子扎下去，结果时机不对，最后一败涂地。

风险和收益本就是孪生兄弟，不想承担风险还希望赚取巨额财富，这是不现实的。因为已知领域的利润空间早就被竞争者瓜分了，新的财富隐藏在未知的领域。

不愿冒险、不敢冒险，总希望跟在别人身后亦步亦趋，这样的人，是不可能抢占新世界的，当然就只能捡别人剩下的了。富人就不同了，他们知道财富总是伴随着风险，想要得到财富，就必须冒险，所以他们早有准备，敢于冒险，又岂能不富呢？

当然，富人们并不是盲目的冒险，而是基于对客观规律的认识，有准备地管理风险，控制风险，甚至降低风险。可以说，完全的赌徒式的冒险者，早被淘汰了。

毫不夸张地说，世界上的富人绝大多数都是冒险者。如股神巴菲特，虽然看起来不像是爱冒险的人，但实际上他很喜欢危机，当别人都在恐惧，都被吓怕了的时候，他反而认为机会来了。而穷人怕冒风险，习惯于让钱“趴在银行里睡大觉”。

没有胆量就谈不上是一个杰出的投资者，胆量是白手起家的成功者所具有的特征之一，战胜自己所面对的困难，并以此获得高收入，这需要极大的勇气。一个没有积极态度、没有胆量的人，是永远不会进入有钱人的阶层的。

改革开放 30 多年来，有许多机会都被穷人们错过了。比如 80 年代初期的个体经营，被当时吃“国家饭”的人排斥，瞧不起；又比如 90 年代初的股票认购证，大多数人都将其视作骗局；再比如新千年的房地产，很多人等到房价上涨后，才反应过来。

可见，惧怕变化、对新事物保持抗拒心态的人，穷不是没有道理的。让穷人冒险，在他们看来就是让他们犯傻，他们通常会说，“你以为我和你一样傻吗，明知不可为而为之，只是白费力气罢了！”殊不知，财富和机会往往更青睐那些敢于冒险的人。

不去尝试，虽然没有了失败的顾虑，却也不会得到成功的垂青。我们需要有胆量，虽然成功很难，投资有风险，但只要我们敢于尝试，就有了取得成功的机会。

3. 为什么穷人喜欢买彩票

美国畅销书《彩票的战争》的作者，Matthew Sweeney 说过，在购买彩票上花销最多的人，往往是受教育程度较低、收入较少的人。为什么会这样？因为它可以使人一夜暴富。穷人太想改变命运了，总想着“万一”，因而热衷于彩票这种“以小搏大”。

2012 年，武汉一名男子因为生活压力巨大，迷上了彩票，期望一夜暴富，结果越买越沉迷，渐渐地耗空了家里的钱财。但他仍旧做着“中大奖”的美梦，于是开始通过信用卡套现买彩票。还不上了，就新办一张卡，一部分还债，一部分仍然买彩票。

久而久之，他在购买彩票上花的钱越来越多，高达十多万元，但信用卡上的债务却无力偿还，最终崩盘。银行报警后，他很快被捕，原本稳定的生活彻底没了。

每个买彩票的人都知道十有八九不能中奖，但依然乐此不疲，因为一张彩票就是一个希望。行为心理学上有一套“刺激强化理论”，其观点认为：比起规律性回报，那些不规律的回报往往更加让人痴迷。就像很多人会对每个月按时领薪水的日子感到厌烦，但对回报非常不稳定的自主创业却非常有激情。

买彩票的人也是一样的，虽然大多数时候，最后的开奖结果都是失望的，但偶尔一两次的好运气，都会让这些人更加痴迷。

这样说来，一两块钱所买下的其实不是彩票，只是一个白日梦。

在这种几乎不可能实现的前提下，不计代价地将大量金钱投入到彩票事业中，非但不能让我们致富，反而会使我们本就困窘的经济条件，更加严重。

浙江舟山一位姓杨的男子，幻想一夜暴富，痴迷福彩，竟然偷工友的钱买彩票。2014 年 12 月 13 日，该男子因偷取钱财 5000 元，被警方抓捕入狱。

彩票的回报率固然惊人，是一种低成本、高利润的买卖，但其近乎于零的中奖率，同样也揭示了一个残酷的事实：靠彩票致富是不现实的。与其将希望寄托于概率无限小的彩票上，不如回归实际，脚踏实地地努力，这样虽然不太可能让我们成为亿万富翁，但安稳地生活却是不成问题的。

有一回，巴菲特走在路上，看到一毛钱，他弯下腰拾起了这枚硬币。当时，所有在场的人都惊讶不已，但他会心一笑，说："这是另一个十亿美元的开始。"他用行动告诉我们，财富是靠一点一滴积累的，一夜暴富的心态不可取，也不会给我们带来财富。

2007 年，28 岁的王俊岭跟随丈夫来到北京，当时，她已有两个孩子，儿子 4 岁，女儿 2 岁。由于只有初中文化，初来北京时，王俊岭在一家葡萄酒厂做流水线工人，一个月只有 700 元钱。一次偶然的机会，她做了临时家政人员，一个月竟有 1500 元。

从此，她开始了自己的保姆生涯，一做便是 10 年。10 年来，她每天要做 4 份工，一份大约 3 个小时。雇主多是带小孩的年轻夫妻，或者工作比较忙碌的白领。她的主要工作是照看孩子、打扫房间、做饭等等。一天下来，每个时间段都有固定的雇主。

面对记者采访，王俊岭腼腆地说："像我这样的钟点工是比较累的，因为每个小时都在忙活。"

但是，她的辛劳不是没有结果的。在这10年中，夫妇二人通过辛勤工作，已经在安徽老家和河北固安分别购得一套房，2014年也买了一辆私家车。而且每年的暑假，她还会把自己的两个孩子从老家接到北京，然后每天抽出一段时间陪孩子。

说到对未来生活的期盼，王俊岭脸上露出幸福的笑容，说道："现在这样就挺好的，我和老公都没什么文化，但靠着一双手也能买下房子和车子，感觉挺好的。"

在追逐财富的道路上，我们总会遇到各种各样的困难。做一个穷人很容易，做一个富人很难；得过且过很容易，辛勤奋斗很难；幻想一夜暴富很容易，想要真正将梦想变成现实很难。但是，想要真正成为富人，变得富有，哪怕再难，我们也只能迎难而上。财富始终是靠积累的，"大洪水冲来的财富"，"天上掉下来的财富"，往往是靠不住的。

不管如何，"一夜暴富"、"不劳而获"、"一切凭运气"的态度都不可取。不脚踏实地地奋斗，反而去相信类似于"彩票"之类的捷径，这是不明智、也不科学的。

4. 一个不会借钱的人不是一个投资理财的高手

有人说，穷人和富人的重要区别之一，在于前者只懂得存钱，而后者却善于借钱。只懂得存钱，钱就会躺在银行"睡大觉”，即使有存款利息，想要升值也千难万难。所以富人常常将钱拿出来投资，他们还会向别人借更多的钱，用别人的钱来为自己赚钱。

是的，富人“借钱”，就是用他人的钱替自己赚钱，这就是人们常说的借力，一个人的力量是有限的，精明的人懂得利用身边一切有利的条件，发展壮大自己的事业。不懂或不愿意“借钱”，抹不开面儿，任何事都想着单打独斗“靠自己”，这不是有志气的表现，而是穷人的思维，是思想僵化、不知变通。

有这样一则故事：有一年，小镇发生了一场大灾害，所有的财产都在灾害中损失了。为了生存，大家不得不离开小镇，寻找工作。一个穷人和一个富人走到了一起，商量着去挖煤。穷人平时干惯了粗活，挖煤这种事对他来说就是小菜一碟，刚进矿洞就开始挖了。很快他就挖了一车煤，拉到集市上换了钱。然后，他又用这笔钱买了好吃的犒劳自己。当他走过富人的身边时，看到富人累得满头大汗，煤车还没到一半，心里很是得意，心想：以前你有钱啊，所以看不起我，还说我没本事，现在你跟我一样了，还比不上我呢。

就这样，第一天过去了，穷人赚了大钱，吃得好，休息得早，而富人却异常艰难，直到傍晚才勉强挖了一车煤。但是富人没有买好吃的，而是将大部分钱留了下来。

第二天，穷人早早地进了矿洞，卖力地开始挖煤了，富人却去逛了集市。不一会儿，富人就带回两个穷人，这两个穷人膀大腰圆，体格健硕。他们二话不说，甩开膀子就开始给富人挖煤，而富人站在一边指手画脚地监督着。只一个上午的功夫，富人的团队就挖出了几大车的煤，富人把煤卖了又雇了几个苦力，一天下来，净利润是穷人的好几倍。

看到富人这般表现，穷人坐不住了，他开始更加卖力地挖煤，也不再买好吃的了，把所有的钱都存了起来。但他却没有学到富人的精髓：雇佣苦力。一个月很快过去了，穷人只是家中略有积蓄，而富人早就赚了不少钱，同时拉起了一支庞大的苦力队伍。借着这些资源，富人很快创下了比以前更大的家业。

中国著名经济学家林毅夫说过：中国越穷的人越存钱，越富的人越借钱。穷人每月省吃俭用，含辛茹苦往银行里存钱，而富人则每天想方设法，挖空心思把他们存的钱从银行里贷出来又去赚他们的钱。结果贷款借钱的人越贷越富，存钱的人越存越穷。

也许有的人不明白，存钱虽然不能赚钱，但至少不赔钱，为什么会越存越穷呢？答案就在“通货膨胀”上。随着社会生产力和经济的发展，物价是在不断增高的，尤其是在中国这样的发展中国家，十年前的物价与今日的相比，简直不可相提并论。在这种物价高速飞涨的情况下，“钱”越来越不值钱，单靠银行那一点点利息，从价值上来说，自然是越存越穷了。

当然，这并不是让我们从今天开始就到处去借钱。借钱，只是无数种“借势，借力”方法、途径中的一种。本质上要学会的是蕴藏其中的“借”之精髓。一个人成功，很大程度上，不在于你能做多少事，个人能力有多强，而在于你能借多少人的力去做多少事。

普通人也许自认为比富人更努力，但两者对“努力”是有不同定位的：普通人的努力是自己努力干，从早到晚，任劳任怨，富翁的“努力”则包含三方面：

第一，团队的努力工作

对于富人而言，个人力量是渺小的，他们更加喜欢带领团队冲刺，尤其是团结一心的团队。大家朝着共同的目标奋斗，就能发挥出百倍、千倍乃至万倍的能量。

第二，让资本动起来，让钱努力工作

普通人因为怕冒风险，让钱都趴在银行里“睡大觉”，他们的钱很“懒惰”，没有什么“产出”。富翁每年要求资本至少有10%的回报，他们善于经营，就连睡觉的时候也在赚钱。比如借钱给朋友开店，然后收取合理的借贷利息，还要有抵押品；或者投资在房地产上，收取租金，享受地产升值回报等，总之，他们会让资本动起来。

第三，富人善于用他人的钱替自己赚钱

例如，富人手中有70万，他买房肯定不会一次性全额付清，他会买两套，从银行借70万到80万，让银行的钱替他生钱。普通人则习惯一次性付清，不喜欢借贷。

吉旅集团总裁黄振达曾经说过，“当我们解放思想，敢于借势、善于借力的时候，一切皆有可能。”战国思想家荀子也说过，“假舆马者，非利足也，而行千里；假舟楫者，非能水也，而绝江河；君子生非异也，善假于物也。”懂得借力者，才是大智慧。

5. 穷人的时间用来打发，富人的时间用来思考

每天坐在电视机前和剧里的人物一起欢喜一起流泪，或者流

连于社交网络、短视频网站，又或者无所事事地躺在床上、沙发上发呆，时间多到打发不完的多半是穷人，他们常挂在嘴边的口头禅是：真无聊啊。

穷人的时间不值钱，有时候甚至显得多余。当然，并不是说穷人对时间毫无利用。事实上，大部分穷人都觉得自己很忙，忙得喘不过气。只是，与富人把时间花在思考、工作乃至解决问题、追求财富上相比，穷人则更多地把时间花在了无价值的小事上。

比如，他们可以为了买一斤白菜少付两毛钱而走遍整个菜市场，为了买一件打折商品而跑遍大半个城市，甚至为了一场无关紧要的争论，与人耗上一整天的时间。但是，他们不会因为虚度一天而心痛，这就是典型的“穷人”思维。

这就是为什么会有这么多人抱怨，“为什么我这么辛苦，还是没别人挣得多”、“有钱人就是舒服，躺着也能把钱赚了”……他们只看到富人躺下的身影，以及自己忙碌的身影，却未曾想过，别人躺着的时候是不是有可能正在想着报表、数据、公司下一步的发展战略。他们也未曾审视过自己，自己到底在忙些什么？

一个人无论以何种方式赚钱，也不管挣得多还是少，都必须经过时间的积淀。富人的玩也是一种工作方式，是有目的的。富人的闲，是在修身养性，但他们的脑袋一刻也没闲着；穷人的闲，闲在思想，虽然看似很忙，却忙在无意义的事情上。

不要再让自己“闲”下去了，把我们的时间充分利用起来。因此，当我们感觉到自己太清闲，生活很无聊，不知道应该做什么，只能靠电视、游戏机、搓麻将，或与人争辩来打发时间的时候，就应该意识到，这是一种不正常的状态，需要做出改变了。

著名的海军上将纳尔逊，曾发表过一项令全世界懒汉瞠目结舌的声明："我的成就归功于一点：我一生中从未浪费过一分钟。"虽然有很多成功者在小时候因为家境偏寒，没有机会接受过多的教育，但也正是这些艰难困苦，让他们更加渴望知识。所以，即使他们身居高位，每天有忙不完的工作和应酬，也丝毫不会懈怠对知识的索求，因为他们明白，知识是他们获得财富的不竭动力。

"学海无涯，永无止境"，富人们总是孜孜以求，在贫穷的时候是如此，在成为富人之后也是如此。而在富人们好不容易抽出时间来学习的时候，穷人们却在大喊无聊，如果你不想让时间虚度，不想再过贫穷的日子，当务之急就是认真学习，只要你永不放弃对新知识的渴望，并努力付诸行动，总有一天你也会拥有成功。

时间就是生命，时间就是金钱。曾被美国《时代周刊》评为全球"数字英雄"的搜狐总裁张朝阳说过："我就是平凡人，我没有发现自己与别人有什么大的不同。如果说有不同，那就是我每天平均除了 7 个小时睡觉外，其他时间都在工作、思考。"不要将时间花在无意义的事情上，只要我们多花时间来思考、工作，就一定能有所进步。

6. 投资要坚定自己的判断，而不是人云亦云

参与过投资的人都听过这样一句话：投资有风险，入行需谨慎，也听到过类似"早知道我就不听那个专家的了，本来应该赚

钱的，现在亏得好惨”的言论。

无数的例子告诉我们，想要在投资这一行中有所收获，很多时候，不能人云亦云，要有自己的主见。盲目从众，听信所谓专家的建议，往往最后会输得很惨。

事实上，不单是投资，在很多领域，我们都需要保持一定的主见。有人说，富人之所以富有，就是因为他们有主见，敢于坚持自己的想法。比如，有着“华人世界船王”美誉的包玉刚，当年他如果没能坚持自己的看法，也许就不会有今天的成功了。

姜道明，大学毕业后自主创业，由于自小就对美食感兴趣，于是他毅然决定进入餐饮行业。在经过半年的考察之后，他开了一家烧烤店，主打年轻人的市场。

他将自己的店面装得非常具有艺术性，而且很时髦，还特地安装了一款高清晰度的墙体电视，专门播放各类体育视频、综艺节目，以此来吸引年轻顾客群体。

但是他的父母和朋友却反对他这么做，认为他是名校毕业的高材生，应该进入国企或外企当高管，再不然，考公务员拿一份稳定的工资，也比搞餐饮强得多。

面对身边人的反对，姜道明也犹豫了很久，担心自己的选择是错的。但是最终他还是坚持了自己的想法。在他的“一意孤行”之下，烧烤店开张了。没想到，生意出奇得好，仅仅六个月的时间，他就收回了成本。如今，两年过去了，他已经身价数百万，并且在同一条街道又开了几家分店，做起了大老板。

人们常说，群众的眼睛是雪亮的。然而，在大多数时候，群众的眼睛不但不雪亮，还很容易被蒙蔽。比如 2012 年的时候，很多人疯狂囤积日用品，迎接“末日”。又比如，2011年“福岛危机”，引发许多人恐慌，大规模抢购食盐，以免日后吃不上盐。

这些事看上去很愚蠢，很不可思议，但究其本质，之所以能造成如此巨大的影响，令无数人参与其中，就在于人们的“从众心理”，也就是我们常说的羊群效应。

1937年，社会心理学家穆扎费·谢里夫做了一个实验：让一群人坐在一个黑暗的房间，通过一个小洞观察一个光点。事先告知他们这个光点会移动，他们要估计出移动的幅度。但实际上，这个光根本没移动。但是，当实验对象集体讨论时，所有人都赞同光点移动过，只是在移动幅度上存在争议。为什么会这样？因为他们潜意识里选择了“相信大众”。

盲目跟风随大流，看见别人做什么就跟着做什么，或者盲目听信所谓“专家”、“业界翘楚”、“先行者”、“成功人士”的建议、分析和看法，对我们而言是不理智的。没有自己的判断力，将希望、出路寄托于别人身上，这样的人，很容易掉进别人的圈套。

比如，现下很多精英阶层的人鼓吹，“钱就是用来花的，只有舍得花钱，才能赚钱，才有动力去赚钱”。于是一群人跟在后边儿摇旗呐喊，推崇高消费。然而，繁华落尽，除了商家们赚得盆满钵满，有钱人依旧有钱之外，那些跟着提高消费的低收入人群，只能收获一张清空了的存折卡。

如果做事怕别人提出反对意见，别人一反对就放弃自己的想法，那就失去了自我。做人做事，要有明确的立场、要独立。每个人的想法都不会完全一致，因此我们做人做事要看我们想达到的目标效果，而不要过于顾虑一些人的议论。时间可以证明一切，当你成功了，那么那些议论自然就止息了。只要是正确的，也就是你觉得应当做的，不论得失成败，想做就去做。

就在前不久，某知名经济学家在浙江台州演讲时，被情绪激动的人群围堵，一度引发暴力事件，警方紧急出动。结果，经过一番调查才弄清楚，原来那些参与围堵的人，都曾是听过这位经济学家建议，对某企业进行投资的“股东”。但就在近期，那家公司被查出是皮包公司，涉嫌非法集资，一众“股东”损失惨重，找该“专家”报仇来了。

可见，专家不一定是对的，大众都在做的也不一定是对的。想要在事业上取得成就，不可人云亦云、盲目跟风。

7. 热衷于计算小钱不如培养自己对未来的预见力

大多数人之所以穷，是因为他们目光短浅，在小钱上精明，却在大钱上糊涂。比如穷人在购买房子的时候，往往考虑外在的形象工程，却很少去考虑细节性的东西。他们很计较物业管理费，以为越少越好。殊不知，物业管理费越便宜的小区，越缺乏专业打理，住不了几年就会显得破破烂烂，为一点物业管理费，却把房子未来的升值空间破坏了。

再比如，穷人在买保险的时候，非常在意回报率，回报高才买。但是保险不是投资，购买保险是替家庭买下一个保障，其关键是理赔信誉好，代理人服务到位。如果保险公司偷奸耍滑，出了事情推三阻四，不愿意理赔，那么回报率再高又有什么用呢？

缺乏对未来的考量，只顾眼前的利益，目光短浅，这是绝大多数穷人的共有特点。相比之下，富人更加在意未来的趋势，他们做事情、看问题，往往着眼于长远。下棋讲究走一步看三步，为的就是提前预见未来的变化，然后未雨绸缪，为自己赢得先机。

目光长远，才能事事从大局出发。普通人每天花时间在衣食住行上，努力省着小钱，对他们而言，这是摆在眼前的利益。然而，对于节省时间，将时间更多地花在工作上以谋取高额利益这种潜藏的回报，他们却看不到，即使看到了也很少有人去做。

就像他们处理自己的财富一样，永远是追求安于现状，追求安稳。也许他们的银行账户上也有一定存款，但他们只想着收取微薄的利息，却很少考虑将这些资金用作创业、投资或理财，因为对他们而言，利息是能肉眼看到的、触手可及的利益，所以追逐。而那些需要投资、创业才能得到的回报，太过于虚幻、缥缈，令他们生不出追逐的心思。

这就是穷人最大的缺点：只会低头看着自己眼前微小的事，却对社会正在发生的变化视若无睹，以至于不能预见未来，只能跟在别人身后叹息：世界变得太快。

有远见的人总是更容易成功，因为他们知道，如何才能趋利避害地保护自己，并且为自己寻找到新的机会，而有远见的来源便是超出常人的智慧和与众不同的思想。但远见并不是每个人都有的，想提升我们对未来的“预知能力”，就要从以下几点做起：

第一，不断学习，时刻为自己充电。未来不可捉摸，随时在变化，想要抓住未来的一些轨迹，就需要对当下的世界有深入的了解。而这就需要我们不断学习，只有学的知识多了，才能敏锐地察觉到身边的每一丝细微的变化，然后从中找到一些蛛丝马迹。

第二，要留心观察。正所谓有因才有果，未来的一切，不论大事小事，都是从我们眼下的一点一滴发展而来的。因此，想要预知未来，就必须留心观察眼前的一切。

第三，要懂得以退为进，欲擒故纵。诸葛亮为了使孟获归心，连抓了他七次，都将他放掉，为的就是使对方心服口服。对我们而言也是一样，目光长远者，所谋划的是跨越时空的利益，今天种下种子，等待十年，二十年后才收取果实，沉不住气是不行的。

总之，留意大事情，对未来发生的变化做到未雨绸缪，我们才能看到未来的大势，然后将这股大势借为己用，进而处处洞察先机，最后先人一步，乃至百步。做人当有远见，目光短浅、过于计较眼前的小利，这样的性格只会让我们与真正的机会擦肩而过。

8. 永远不要满足于每月只拿一份固定工资

有这样一个笑话：火星人落到中国，北京人会问他与人类有没有血缘；上海人会搞一个外星人展览，卖门票；广东人会问他身上哪些器官可以吃；而温州人则会立即打听火星上有没有生意可以做。赚钱是温州人生活择业的重心，更是温州人日思夜想要做好的事。

其实，不光是温州人，任何一个富人或想要成为富人的人，他们的脑子里装的全是一个问题：如何挣钱，如何挣更多的钱?这种强烈的赚钱欲望，迫使他们行动起来。

许明文是一个农民，没什么文化，除了自己的名字，一个字都不认识。自小就过着家徒四壁的生活，然而，他却有着高财商，硬是靠炒瓜子成了富翁，走出了大山。

很多人都说，他是运气好，但他的妻子却说："他没有文化，但他对'钱'的感觉是强烈的，他总是说一定要赚钱，一定要赚大钱。"

在许明文妻子看来，他之所以能成功，就因为他时刻念叨着想要赚钱。因为穷怕了，许明文发誓，要挣钱，让两个妹妹能好好上学。尽管自己身无分文，连穿的鞋子都裂开了口子，但许明文始终保持着对钱的兴趣，他也坚信着自己一定能赚到大钱。

敢于致富，有强烈的赚钱欲望，是大多数富人成功的第一要素。几乎没有一个富人会试图掩饰他们血液里始终兴奋着的发财的欲望。

没有赚钱欲望的人永远成不了富人。就是因为有强烈的赚钱欲望，他们才会开动脑筋想赚钱的法子，才能吃得下苦、敢于冒各种风险，最后才能创下一番成就，成为各行各业的领军人物，成为穷人心中艳羡的"有钱人"。

中国自古有"轻利重义"的思想，千百年来，人们养成了一种僵化的思维，认为把金钱看得太重，会显得肤浅，会被人看不起，以至于很少有人敢正视这一点：自己其实是一个爱钱的人，自己的梦想就是赚更多的钱。不敢正视自己，就不能把我们对金钱的欲望完全地释放出来，就不能激励我们去追求财富。欲望不强烈，自然动力就不足了。

但事实上我们大可不必如此忌讳金钱的魅力，所谓君子爱财，只要取之有道，便算不得坏事。但不得不承认，在现实生活中，钱虽然不是万能的，但有了足够的钱，我们就能轻松办到很多事，比如让家人过得更好，大力推动公益事业的发展等。因此，单纯地对金钱的追求，并不是一件丢脸的事。甚至，对我们当下的很多年轻人而言，应当把追求财富作为自己的人生目标。因为只有拥有足够的钱，才能更好地实现我们的人生价值。

因此，我们不必隐瞒自己对金钱的欲望，反而应该将它释放出来，借其力量激励我们追求财富。口中说着不要，心里也想着不要，这样的人是很难成为富人的。

孙振国有个大学同学，毕业后去了北京，找了个好工作，又娶了位好太太。有一次孙振国到北京出差顺便去看了他，他带孙振国到长城饭店去用餐。这位同学虽不缺钱，但也没到可以随便去长城饭店的份。孙振国就说："老同学了，随便找个地方吃点算了。"他看出了孙振国的意思，便说道："我不是打肿脸充胖子，到这地方来对你对我都有好处。"

孙振国不解地问："为什么?"他笑了笑，说道："你只有到这种地方来，才知道自己包里的钱少，才知道什么是有钱人来的地方，才会努力改变自己的现状。如果你总去小吃店就永远也不会有这种想法，我相信只要努力，总有一天我会成为这里的常客。"

听了他的话，孙振国深有感触，他的话不一定全对，从财富的拥有上讲，他也不算是大富之人，但他那种不满足于现状的生活态度却是富人们所津津乐道的。

整天吃海鲜大餐的生活与整天啃干面包的生活，不是天生的，富人的钱财也不是从天上掉下来的。如果我们还活在“为一台笔记本电脑发愁”的生活里，只能说明，我们还没有足够强烈的赚钱意识。一个人若永远没有这种渴望赚钱的想法，那么他终其一生也只能与干面包为伍。所以，要想扎进富人堆里，首先就要有强烈的赚钱欲望。

美国某铁路公司总经理，年轻时是铁路沿线三等列车上管理制动机的工人，周薪只有十二美元。一位资深的工人对他说：“你不要以为做了管制动机的工人，便趾高气扬，我告诉你，你就是做了车长，还是得小心翼翼，以免被开除。”可是他却冷冷地答道：“你以为我做了车长就满足吗？我还准备做铁路公司的总经理呢。”结果，事实如他所言。

有句话说得好：工资只能使我们安全地生活，如果要想真正成为富翁，就必须把自己投入到变幻莫测的市场中去。聪明的人是不会安于现状，只守着自己的小圈子的，他们会勇敢地闯出去，以占领更多地盘，这样才能实现更多想法，最终成为富人。

满足是成功的绊脚石，要做一个有价值的人，就要有不断进取的欲望。不自我满足的人才能不故步自封，才有前进的动力。所以，我们要想超越自己，要想让自己的生活更好，除了要不断进步，还要有强烈的欲望，不能一直在平庸的生活里游荡。

Part 7

别让性格因素成为你事业上的阻碍

1. 成功是“磨”出来的

我们每个人都向往成功，但最终能成功的总是极少数的人。于是很多人不禁心生疑惑，什么样的人才能成功？美国石油大王约翰·洛克菲勒用一本《只有偏执狂才能成功》的书给出了答案。是的，成功是靠“磨”出来的，只有“偏执狂”才能成功。

因为偏执，所以认定一个目标就不会放松，不达目的誓不罢休。比如，当有人告诉你“不现实”时，你可能会放弃，但“偏执狂”不会。当有人告诉你“这不可能”时，你可能会放弃，但“偏执狂”不会。当有人告诉你这样“不值得”时，你可能会放弃，但“偏执狂”不会。对性格坚定者而言，他们从不理会外界阻挠，眼中永远只有目标。

重庆小伙儿陈建龙，自己开了一家小型装修公司，为了打造自己的高端品牌，他对旗下的产品要求非常严格。有一次，在施工过程中，他发现采购来的石材，与业主原有石材存在较大色差。经过再三考虑之后，他决定将偏色石材全部敲掉，重新采购。

就这样一来二去，他几乎损失了此次收益的一半还多，这让业主十分感动。其实，外墙石材存在色差，一般业主是很难察觉的，也很难据此向开发商维权，很多人都会敷衍了事。但陈建龙却不肯马虎，宁愿增加成本，也要做到完美。他的努力没有白费，该业主亲自制作了一面锦旗送到他的店里，还免费为陈建龙宣传，陈建龙的业务因此大大提升。

无数事实告诉我们，伟大的科学家、商业成功人士、艺术天才、投资大师，这些有超凡成就的伟人，几乎都有其执着的一面。正如创造了苹果帝国的乔布斯，对产品细节的追求，几乎到了常人不能想象的地步，他那句“我们要把屏幕上的按钮，做到漂亮得让人忍不住想舔一舔”也成为其偏执性格的最佳诠释，对细节以及质量完美的偏执。

马克·吐温在他的《傻瓜威尔逊》一书中这样写道：愚蠢的人说，不好把所有的鸡蛋放在一个篮子里；而聪明的人却说，把你的鸡蛋放在一个篮子里，然后看管好那个篮子。这就是偏执，没有那么多花样儿心思，只认准一个方向。

其实，从某种程度上来说，“性格偏执”也可以看作是一种“傻”，一种认定目标，死不回头的“傻”。就像乔布斯、陈建龙他们的行为，放在旁人眼中，不就是一种很“傻”的行为吗？做生意讲究利益最大化，哪有放着钱不赚，偏偏跟自己为难的道理。殊不知，正是这种“傻”让他们沉得住气，静下心来追求产品的极致，最终赢得了顾客的信赖。

任正非说：“华为没那么伟大，华为的成功也没什么秘密。华为为什么成功？华为就是最典型的阿甘，阿甘就一个字‘傻’。阿甘精神就是目标坚定、专注执著、默默奉献、埋头苦干。华为就是阿甘，认准方向，朝着目标傻干、傻付出、傻投入。”

偏执是“傻”，但更是一种力量，一种可以让那些缺乏信心，不敢坚持自己想法的人振奋勇气，敢于与一切困难和阻碍作战的力量。

性格偏执者的首要特征，就是对目标死不放手，不管旁人如何劝阻，他们也只会坚定地朝目标前进。换言之，他们对自己的判断力有着无与伦比的自信。有了这种自信，才会有坚持的动力，不会轻易放弃。

偏执还是一种无形的资源，随着偏执狂锲而不舍的偏执行为以及努力，这种无形资源的积累将由量变而质变，当达到临界点之时，情况就会发生根本性变化。

比如，当人们遇到难以解决的问题时，有的人会说：“我试过无数次了，没办法了。”做出放弃的选择，的确令人感到轻松，但这样的停步和退缩只能重复失败、复制失望，最终一事无成。偏执的人则不然，他们会说，“我一定可以解决的，相信我。”

偏执更是一种以不变应万变的成功之策。任何一个偏执狂，在最开始的时候都是居于弱势，处于人们冷眼嘲笑之中的。因为他们的目标与其实现目标的资源和手段严重不对称，在旁人看来，他们就是异想天开。但随着时日延展、环境变化，这种不对称会慢慢转化为均衡格局。均衡格局的出现，也就是人们常说的“机会”或“运气”来了。

但是，这种“运气”和“机会”，并非像旁人所想的那样，是偶然得来的，全靠天赐，而是偏执狂们凭着自己的坚持和毅力，争取来的。偏执者最不缺等待的耐心，他们就是最高明的猎手，静静潜伏，蓄势待发，一旦机会出现，他们就会闪电般出手。

最后，性格偏执的人，往往还具有百折不挠的毅力和勇气，他们即使遭遇上百次、上千次的失败，仍能坚定信心，认准目标，爬起来继续。

失败是成功之母，风雨过后才见彩虹。不要在一时的挫折面前停下脚步，更不要因为暂时看不到成功的希望，就心生绝望。要有追女孩儿的毅力，一旦认准目标就死缠烂打，哪怕是一点一点地“磨”，也要让对方看到我们的坚韧，只有这样，“女孩儿”最终才可能被我们打动。

2. 诚信对一个人的事业生涯到底有多重要

无论你来自何方，何种阶层，诚信始终是一个人立足社会的本钱。没有多少人愿意和一个满嘴谎话、不守信用的人打太多交道，不管这个人多么有钱。“没诚信”一旦成为你的标签，别人就可能已经在心里标记：此人不靠谱，请远离！

有个商人在过河时不幸船沉了，他抓住一根木头向不远处打鱼的人高声呼救。等到渔夫把船划过来时，商人急忙喊：“我是个大富翁，你若是能将我救上去，我就给你 500 两金子”。但是当商人踏上安全地带后，他只给了救命恩人 50 两。渔夫很生气。富翁理直气壮地说：“竟然还嫌少，知不知道你就算是打一辈子的鱼，也赚不了这么多钱，穷鬼！”渔夫气结，心想：下一次若你再掉进水里，我定不会管了。

没想到后来那位富翁在又一次过河时，因为风大浪急再一次掉进了水里。附近有人看到急忙要去救，那个上次被商人讥讽的渔夫说："他就是那个不讲诚信，并且骂我穷鬼的人！"要下水的那人看了商人一眼，转身离开了。

商人眼巴巴地看着两人离去，面色惨白，大喊："天啊，难道这就是报应吗？"

每个人的心中都有一杆秤，一头装着自己，另一头在合适的时候放上别人。假如这次他放上了满满的诚信，而你却熟视无睹，甚至出尔反尔。你的那头高高翘起，他的这头低低落下，这样迟早会翻盘的。

翻盘的结果是什么呢？两败俱伤吗？不是。最大的输家是那个失去诚信的人。他失去了一些人的信任，可能就等于失去了所有人的信任。他应该知道，人是具有社会性的，任何一个人都可以通过其他六个人认识所有人，虽然是理论，但完全具有现实的可操作性。

没有诚信的人很难得到真正的朋友，因为人都是向往美好的，泛滥的谎言则是交往过程中最肮脏的区域。人在最初接触另一个人的时候，纵然表面笑容亲切，内心却始终是保持着距离和警惕之心的。一旦他们发现你不诚信，就会立刻把你从"可成为朋友或生意伙伴"的名单中剔除，毕竟没有人愿意和一个随时可能会背叛自己的人长久地待在一起。安全感很重要，而诚信恰恰能带来安全感。

在一次军队举行的越野赛中，有一个资质非常普通的士兵，因为身体素质等原因，跑得远没有别人快，不久就被落在了后面。

跑了一段时间后，这位士兵看到前方有路口以及标示，一条军官专用，看起来平坦宽阔；另一条路则是士兵专用，狭窄且坎坷不平。这位士兵愣了一下，虽然心中对这些明目张胆的优先专用权不满，但还是觉得不管怎样，用投机取巧得到的胜利不是自己想要的，所以最终选择自己该跑的路。他没想到过了没多久就到达了终点，而且得了第一。

他觉得很惊讶，还有些纳闷，想着是不是哪里出了问题。自己非常清楚和一些体能好的战友们的差距，不是最后几名就很庆幸了，怎么突然就莫名其妙地得了这么好的名次。

很快，他就被通知他的确获得了本次越野赛的冠军。在很长一段时间后，其他的士兵才汗流浃背、脚步蹒跚地到了，他们看见冠军的得主居然是一位平常很普通的士兵，不禁既困惑又奇怪。但是不久后，他们便明白了其中的原委，大呼悔不当初，不应偷懒耍滑。知道了比赛的用意：在岔路口诚实守信，是多么重要。

生活处处有考验，像文中的岔路口一样，我们以为上了快车道，其实反而绕了更远的路。有一个方法可以帮助我们进行抉择，就是时时扪心自问，自己是否做到了诚实守信。

诚信并不一定会成功，但是如果连最基本的诚信都没有，即使成功也是长久不了的。试想一下，如果这个世界上充满了欺诈虚伪，没有丝毫的诚信可言，那人变成了什么呢？诚信也可以说是人品，若是最基本的诚信都没有，那么朋友、家人和生意伙伴等很多人都会渐渐离我们远去。因此不管您从事哪行哪业，起步有多艰难，请守住自己的底线：诚信。即使眼前的路会走得比别人慢一些，但是要谨记：在这漫漫人生路上，我们拼的不是速度，而是质量。

3. 自信是开启人生成功之门的金钥匙

林肯说："每一个人都应该有自信心，人所能负的责任，我必能负；人所不能负的责任，我亦能负。如此，你才能磨炼自己，求得更多的知识，进入更高的境界。我的成功经验就是自信。"自信的人勇于接受挑战，敢于面对生活给予的磨难。

苦难给人压力，磨炼意志，带来动力，从而促使人们实现目标。当遇到不顺之事时，应该自信乐观一些，相信自己可以解决，这不仅是心理暗示，更是一种鞭策。

徐燕是一名淘宝全球购店铺的老板，人称"奋斗姐"。之所以有这个称号，全在于她的"自信劲儿"。比如她给自家的店拍宣传广告，自己当模特儿，自信非凡。其实她的长相并不符合大众审美，身材也不好。但她的精气神透出一股奇异的特质。因为这一系列与众不同的特质，给网友留下了深刻的印象，给她取名为"奋斗姐"。

当然，她的特质不仅仅在于她的外在气质，更在于她的经历，以及奋斗人生。高中刚毕业，她便向家里借了钱，一个人去了伦敦求学。为了赚钱养活自己，她曾兼职三份工作。2009 年徐燕在淘宝上开了一家店铺，主要从事海外品牌服饰的销售。

她不仅是店主，也兼做模特，同时也是店里唯一的劳动者，掌管一切事物。徐燕依靠自己的努力和坚持支撑起了一个全球购店铺，2010 年被网友发现后迅速走红网络。

徐燕说："我生平干过最勇敢的事情就是长成这样和穿成这样。亲自当模特没什么大不了，勇气和信念带来性感与美丽。""我没有特意给淘宝广告费，但是我的店铺却在网上火了起来，不相信的话去看下我的店铺收藏数量，不用上首页和打广告也能让我在你们的心里和眼里。""我自己身兼全职，当店长、化妆师、造型师、模特、摄影师、设计师和客服……虽然店铺很小，但是我会尽量省钱和开源。在这个网络时代，靠自己才是致富的根本。"

每天为衣食住行而奔波劳累，事业遭遇挫折和阻碍……这是一个人在成长过程中难免会遭遇的经历。但是有的人为之所阻，被困难打倒，而有的人却能乐观积极地面对生活，从而克服艰难险阻，达到更高的阶层。悲观的人在坦途中看见地狱，乐观的人在苦难中窥见天堂。

遇到事情，悲观者总是随身携带一把"放大镜"，把困难看得要比实际情况难得多，结果吓倒自己。乐观者则不然，他们总是首先看到事情所带来的好的一面，进而分析利弊，不盲目自信，也不看轻自己。

自信从来不是某些人的特权。换句话说，自信从来没有高低贵贱和美丑之分。只要你发自内心地认同自己，并乐于展现自己积极的一面，别人也会认可你。随着社会慢慢发展，人们对美的认知不再仅仅停留在表面，而是趋向于挖掘一个人的内心品质。

如今，自信越来越成为衡量一个人是否美丽的重要尺度，如果一个人整天垂头丧气，不管这个人有多帅多美，估计是没几个人想看的。相信很多人都看过“维多利亚的秘密”，里面的姑娘的确很美，但是最吸引人的是她们洋溢在脸上的自信，有人会说，若是我也能拥有那样的天使脸蛋、魔鬼身材以及很多钱，我也会很自信。但是其实那些姑娘在进入维密秀之前，并非如此优秀迷人。在舞台背后，她们付出了超乎寻常的努力。据说，每一年维密秀场开秀之前，每个将要参加大秀的模特都会进行魔鬼特训，并且搭配一个特训健身教练。阿德里亚娜·利马曾说自己从大秀前六周开始，每天吃得很素，在将要走秀的最后一天连水都不能喝。经过一个半月的特训之后，每个模特至少会减去六斤以上的体重，只为达到更好的上台效果。

虽然特训真的很苦，但事实上模特们的抱怨却很少。一是因为这种训练让她们维持了良好的身体状态，健康机制。曾经有人调查过，当男人们看了在网上流传的“维多利亚的秘密模特特训”视频后，很多人都表示太难了。另一点就是关于钱的事，像坎蒂丝·斯瓦内普尔走完维密秀后，再走秀，一小时就开价四万美金，折合人民币 28 万元左右。

通常情况下，自信不会凭空产生。自信的基础是底气，而底气是人经过努力取得满意结果后才获得的。他们会认为这是对自己努力的回馈，并且会更加上进，如此形成一个有利的循环。自信的人往往是有实力的，这并不是说他们挣了多少钱，而是他们能够依靠自己的努力，为自己和家人带来幸福的生活。

很多人都在生活的重压下弯下了腰，低下了头。生活好像成了一个圆圈，我们像虫子一样不知目的地向前爬去，忘记了初衷和快乐，越爬越累，越爬越慢，最终可能会力竭而死。不可否认，这很可悲，没人愿意过这样的生活。

那么，就请改变我们自己。少一些悲观，多一些乐观开朗，少一些自卑、自暴自弃，多一些自信。只要我们认真把握当下，把注意力集中在眼前，不为过去忧虑，不为将来烦恼，微笑面对每一天。久而久之，你就会发现，周围的一切都好像被改变了。

4. 具有坚韧性格的人能站得比别人更高

如果把人生比为一座巍峨险峻的高山，那我们终其一生的目标就是想要到达山顶。可惜的是，因为各种原因，很多人并没有达到目标，便匆匆结束了这一生。

一部分人，走了没几步，抬头看看，发现把脖子都仰酸了，还是没能看见山到底多高，于是直接选择原地扎营；一部分人爬到了半山腰后，突遇电闪雷鸣，风雨交加，吓得胆战心惊，或者是看到风景美不胜收，环境清幽，留恋不舍，他们最终都放弃了；只有少部分人，他们耐住了寒冷寂寞，抵住了满眼繁华，坚强地走上去，直到山顶。

在距撒哈拉沙漠不远处有一个叫杜兹的偏远农村，白天的平均气温高达 42 摄氏度，一年中只有秋季会有短暂的雨水。然而就在这样一个恶劣的环境中，却生长着一种世界上最奇异的鱼，它能在长时间缺水、缺食物的情况下，忍着不死，并且通过长时间的休眠和不懈的自我解救，最终等来雨季，赢得新生。它便是非洲的杜兹肺鱼。

有一条叫马兹的杜兹肺鱼不幸遇见了这样的事情：当一个农民挤干了它的水分后，便将它抛弃在了河岸上。马兹被太阳晒得直冒油，生命垂危。好在它拼命地蹦呀、跳呀，最后终于跳回到了之前的淤泥中，重新捡回了一条命。

但是很快又有一个农民要搭建一座泥房子，于是他开始到河床里取一大堆的淤泥，好用它们做成泥坯子。不巧马兹正好就在这堆淤泥中。于是，它又被这个农民毫不知情地打进泥坯里。泥坯晒干后，那个农民便用它们垒墙，马兹很自然地便成了墙的一部分。

在黑暗中整整等待了半年后，马兹终于等来了短暂雨季。湿气很快将它从深度休眠中唤醒了过来，体衰力竭且体内水分已基本耗尽的马兹，开始拼命地吸收，好将刚进入泥坯里的水汽和养分一点点地全部吸入肺囊中。当再无东西可吸之时，马兹又开始了新一轮的休眠。

很快，第一年过去了，包裹着马兹的泥坯依旧坚如磐石，马兹唯有静静等待。

第二年，泥坯开始有了些松动。马兹觉得机会来了，它不再休眠了，而是开始日夜不停地用全身去磨蹭泥坯，生硬的泥坯刺得马兹生疼，但它始终没有放弃，一些泥坯开始变成粉末状，纷纷下落。

第三年它周围的空间大了许多。但是，泥坯外还有最后一层牢固的阻挡。改变命运的时机发生在第四年，一场难得一见的狂风夹带着暴雨，终于在某个夜里呼啸而至。更可喜的是，由于房子的主人已弃家而走，这座房子年久失修。在暴雨和狂风的作用下，最后完全垮塌。此时，马兹用尽全身最后的一点力气，与暴风雨里应外合，破土而出了！沿着满路面下泻的流水，马兹很快便游到不远处的一条河流中，那里有它期待了4年的一切食物和营养。

一花一世界，鱼生亦人生。有些人的一生并不顺利，甚至称得上命运坎坷。他们出生在贫苦家庭，环境决定了他们生来的境遇。他们要比大多数孩子懂事早，知道替父母分忧，知道活着不容易，所以他们拼了命地努力干活、学习。可是有时候意外还是会毫无征兆地就降临到本就贫苦无依的家庭，这时他们能做的只有承受，忍耐。比往常更加努力地干活和学习，干活能顾得上一家的温饱，学习则可以在未来改变他们的命运，此时他们能做的只有这些事情。

或许有些朋友会问：为什么不寻求社会帮助呢？可以找人捐款啊。很多时候，一是他们是不知道可以这样做，二是就算知道也不愿意的，虽然穷，但人都是有自尊的。没有人会愿意把伤口扯开暴露在阳光下，任别人同情或者是指指点点。

当机会来临时，他们就会像杜兹肺鱼一样，拼命摆脱目前的境况，从而获得新生。长时间的默默忍耐和坚持，使他们比任何人都懂得抓住机会并持之以恒地走下去。他们不会左右摇摆，迈出去的脚是不会收回的，这就是性格坚韧之人的魅力。

5. 理智的冒险才有未来

做生意、搞科研，甚至有时候连学习新知识，都需要一定的冒险精神才能成功。人们常说，有冒险精神的人才能干大事。但是，盲目的冒险却是不可取的。

诸葛亮在危急关头使用了空城计，可以说是一次理智的冒险。因为这件事情成功的前提是诸葛亮知己知彼。司马懿生性多疑，他认为诸葛亮做事向来小心，况且如今城门大开，诸葛亮却微笑从容地弹琴，一定有诈。他是算准了人心，天时地利人和，才敢这么做的。

因此，冒险可以有，但一定要理智，毕竟冒险不能逞莽夫之勇，而是在至少了解一方的情况下做出的博弈。知己知彼，百战百胜；己或彼只知其一，一胜一负。

所谓理智的冒险，首先是对自己要有信心。有一次在上战场之前，将军举起手中握着的钱币对士兵们说："让我们用这把钱币来预测一下今天我们是否能够打胜仗。当所有钱币都是正面朝上的时候，就说明我们注定会赢。"说完，将军把手中的钱币向空中扬去，等落到地面时，大家定睛一看：竟然所有的钱币都是正面的。士兵们很受鼓舞，信心倍增，一鼓作气把敌人打败了。

战士在狂欢的时候，将军重新把钱币拿出来，结果发现钱币的两面印的都是正面的图案，随便怎么抛都是正面。

同样的道理，如果我们对自己的生命有自信，那么无论怎样抛，我们命运的硬币都是正面朝上。当然，这并不是说要盲目自信。俞敏洪曾说过，要做到自信而理智的冒险，首先，要做自己有把握的事情，或者能带来良好结果的事情。你要有一个良好的判断力。当你只能背十个单词的时候，千万不要决定一天要背一千个单词，否则你会把自己憋死的。你要做自己有把握的事情。对于任何一个人来说，这还包含了另外一层意思，就是说你一定要坐在你能够胜任的位子上。如果你在一个不合适自己的位置上，最后的结果一定会把自己毁掉，因为你在做自己没有把握的事情。

其次，一定要运用常识和智慧，远离危险和不幸。我们生活中的很多不幸是因为自己的判断失误，自己的鲁莽或者自己不用心思考而造成的。只要你用心思考，你就会远离这种危险和不幸。

俞敏洪举过一个例子：有一年的冬天，新东方有一个学员上完课，晚上出去吃饭，回来的时候发现学校的大门已经关上了。铁栅栏上面有尖尖的红缨枪那样的箭头。他认为自己爬过去没有问题。但是那天刚好下了雪，铁栅栏上面结了冰，他爬到一半的时候，一不小心滑了下来，整只手被铁栅栏的红缨枪穿透了。

俞敏洪说："这就叫做没有常识。当你发现铁栅栏很滑的时候，当你发现翻过去已经具备了50%以上危险的时候，你唯一要做的事情就是敲门，把那个值班的人叫起来，哪怕你被他骂一顿，但是你可以安全地进去，而不是翻越铁栅栏进去。那个人最终在医院住了一个礼拜，最后将带着一只破残的手渡过余生。其实，很多危险是可以避免的，但是人们常常判断失误，所以导致了悲剧的发生。同时，不要为了避免危险而变成胆小鬼，一定要做有一定把握但有点冒险的事情，这是成就事业的最好的方法。当你发现成功的可能性有50%的时候，你就可以去做。另外，一定要有一个前提，就是如果你失败了，你是能够经受住的，不至于精神崩溃，不至于自杀。比如说，当初我从北大出来的时候，实际上是带有风险性的。但是我是有把握的，因为我知道出来以后每天晚上可以去上课，我作为老师是合格的，我每天晚上赚20块钱是合格的。如果我每天晚上能赚20块钱，一个月就能赚600块钱，而当时北大给我开的工资是120块钱。我在外面上课赚的钱比北大拿的工资多了4倍，即使我租房子，也能养得起我的家人。我是在这种前提条件下从北大出来的。当你发现一个失败对你来说能够承受得起的时候，你就要去冒险，你就要去大胆地尝试，否则，你的生命将会因为你的谨慎和小心失去色彩。”

或许大家看到这里，就已经明白了什么是理智的冒险。通常看来，在很多人的眼里，冒险是一个冲动、不计后果的带有贬义色彩的词语。然而冒险也是给生活增色的一味调料，前提是理智有度。为什么很多人都喜欢过山车、跑酷和蹦极等如此刺激的游戏呢？或许是因为在平坦大路上走了太久，想走一下不寻常之路吧，或者是想发泄下在现实社会中久经压抑的心等等。

不同的人会有不同的选择。选择了平淡生活，每天安逸闲适，但也等于放弃了成功的可能性。不管是什么样的成功，总归是需要冒点险的。一般情况下，回报总是和付出，冒险程度成正比。但是呢，请一定要记住，前提是理智的冒险。

成功的公司总是有相同点的，一个富有冒险精神的领导者是其中的必要因素。中国近些年涌现出来的一批优秀企业的领导者，可以说是企业在关键时候把舵的精神性人物。他们在做过分析论断之后，凭借多年锻炼出来的敏锐眼光察觉到商机并敢于去冒险，因此成就了一批优秀企业，也成就了自己。

6. 怠惰是事业发展的大敌

怠惰，即懒惰和不勤奋之意。我们还未做好面对这个别人口中残酷社会的准备，便已经被形势大潮推了进来。因为以前活得太过轻松，所以我们现在只能在汹涌的人群中奋力挣扎着游向未知的彼岸。

当初进入社会前的雄心壮志，在严峻的现实面前，慢慢萎缩。心中无奈悲凉，一时又改变不了现状，以至于堕落颓废，自暴自弃。而懒惰是会上瘾的，初时不觉，只在暗中蔓延全身，最后侵入中枢系统，一举击溃。

曾国藩和梁上君子的故事，大家听说过吧？曾国藩少年时期可以说非常愚笨。有天晚上，家里来了小偷，正要得手之时，曾国藩回来了，小偷听到脚步声，便赶紧躲了起来。曾国藩回到家开始背书，有一篇文章他背了很久都没能背下来，曾国藩非常执著地继续背。藏起来的小偷本想趁曾国藩睡觉之后溜走，却没想到曾国藩如此坚持。

此时正是夏季，躲在床下的小偷热得受不了，又听曾国藩反复背诵几百遍，简直要崩溃。最后实在是忍不住了，小偷直接爬出来走到曾国藩面前，大吼曾国藩实在是太笨，还读什么书啊，他自己都听会了。吼完之后把曾国藩很久都没背会的那篇文章全部正确且流利地背诵了出来，之后便大摇大摆离去。曾国藩感到十分羞愧，从此更加努力上进，用勤奋来补足自己的愚笨，终于成为一代名臣。

有很多人的确很聪明，别人背一个小时才能背完的东西，他们十分钟就可以掌握。难道事业能否成功就只看这个人聪不聪明吗？当然不是。那个只靠听就全部背完的人呢？没人知道他是谁，他的代号只是小偷，在流传下来的故事中作为的是一个反面例子。

勤能补拙是良训，一分辛苦一分才。我们绝大多数人都是普通人，需要勤奋学习来掌握知识，学一点是一点，慢慢积累。短期没效果，那就看长期。脚踏实地慢慢来，量变总会有到质变的一天。

有条小河边，住着个编席子的小伙子，名叫喜生。他每天清早起来，就把芦苇放在家门前的一块青石板上捶，然后劈成篾片，编芦席，整天不闲。这块青石板不知被他捶了多少次，光滑得像镜子一样。

一天早上，喜生又在青石板上捶芦苇，有个人走到他跟前，指着那块青石板说："小伙子，你这块青石板卖给我吧！我给你二百两银子。"

喜生看了看那人，心想：这块石头一定是件宝贝，要不，他怎么一开口就出这么多钱呢？就问那人说："大师父，我这石头是个宝，给我八百两吧！"

那人说："好吧，八百两就八百两，不过我身边没带这么多银子，我回去取，你可不能再卖给别人啊！"小伙子连连点头，那人急急忙忙地走了。喜生很高兴，他早就不想捶芦编席了。喜生想，有了八百两银子，以后只要享福就行了。从此，他再也没干活了，青石板也被搬进家里，藏了起来，就等那人来取。

过了快一个月，人还没来。但青石板上却冒出了许多小珠；后来，水珠也没有了。小伙子很急。一个月后，他家所有的粮食都吃光了。很快小伙子正饿得发晕。突然那人来了，他急忙搬出那块青石板，那人一看，转身就走。说不值钱了。喜生忙问原因。

那人说："这本是块宝玉，里边藏着一匹小青马。可惜你一个月没有捶芦编席，结果把它饿死了。"

喜生这才明白，是因为自己懒惰才饿死了小青马。喜生都快要哭了，苦着脸求那人："求求你买下吧！我快饿死了。"那人上前拍拍喜生说："唉，今后你一定要勤劳。懒惰害人不浅啊！"说完就走了。

人这一生中，其实是有很多次机会的。可能我们和机会擦肩而过很多次，因为各种原因没有抓住。其中最主要的一个因素是，我们贪图眼前的欢愉，不愿意跳出舒适圈，始终原地踏步。机会是留给有准备的人，换言之，就是机会是留给一直努力勤奋之人。即使是再平凡不过的普通人，只要在机会来临之前，像抓救命稻草一样地拼尽全力去准备和奋斗，也一样能取得成功。

怠惰不仅仅是指行动上的懒惰，还指思维上的懈怠。《论语》有曰：学而不思则罔，思而不学则殆。现在有了电脑、手机等等各种通讯工具，大家会接收到各种各样的信息，而这些信息往往是非常碎片化的。再加上看着手机的时候察觉到自己很少动脑进行系统完整性地思考。认识到这些之后，我们是不是应该开始戒掉一些简短的碎片化文字，去阅读电子书本和结合实际思考呢？

怠惰之人是不善于管理自己心情和生活的人。因为懒，会把自己的住处弄得脏乱不堪。延伸到工作中，就是所有的事情都弄得像乱麻一样，令人摸不着头脑。生活和工作上的事情处理不好，就会影响自己的心情，如此恶性循环，十分恐怖。近几年，新兴一个整理自己生活和心情的方法，就是扔掉所有不需要的东西，写出自己的缺点，并限期改正，从而逐步改变自己的生活和心情，让一切变得井然有序，赏心悦目。

怠惰之人，难成大事。无论现在你处于多么落魄颓废的境地，请振作起来。给自己的人生订一个目标，它不需要多大，只要你努力地去做，终有一天会实现。希望现在的你能为未来的你打拼一个美好的生活。

7. 果敢行动才能创造奇迹

古人云：机不可失，失不再来。一个人想要有大成就，就要果敢、果决，该出手的时候就不要有丝毫的犹豫，否则，可能就在那一念之间，便与成功擦肩而过了。

生活中，很多人总是以“小心驶得万年船”为行事准则，殊不知，很多时候，他们的这种“小心”过了分，那就不是“小心谨慎”而是畏缩不前了。谁都想等到万事俱备的时候再出手，可实际情况是，竞争对手也盯着这一刻，你出手慢了，心迟疑了，最后也就没你什么事了。就像商场如战场，取得先机十分关键一样。在这个世上，没有什么事能在我们完全做好准备之后再来临，那很不现实。犹犹豫豫，优柔寡断，只能悔不当初。

美国《华尔街日报》于 1975 年 3 月登载了一则消息：墨西哥出现了疫情并且波及其他动物。一般人看到这则消息不会引起重视，因为无关己事。

然而，当时身为一家小型肉食加工公司老板的默卡尔看到这则消息后，非常高兴，都快要跳起来了。他想若墨西哥的情况真的如此，瘟疫一定会从加利福尼亚州或者得克萨斯州边境传染到美国来，而这两个州又是美国肉食供应的主要基地，到时候肉食供应肯定会紧张，肉价一定会随之猛涨。这正是自己做大肉食生意的好机会。

为了证实报纸上消息的可靠性，默卡尔当天就派亲信赶往墨西哥实地考察。亲信历时一周，在墨西哥进行深入的了解后，证实了那里果然发生了猪瘟，而且正在迅速蔓延，他立即把这个情况电告默卡尔。

默卡尔接到电报后，果断做出了决策：集中公司全部资金和人力，去发生疫情附近的两个州购买大量牛肉和生猪，并迅速运到美国东部，加工和贮藏。正如他预料的那样，猪瘟疫很快蔓延到了西部边境的几个州。

很快美国政府下令：严禁一切食品从这几个州外运。于是，美国国内肉类奇缺，价格暴涨。默卡尔肉食加工公司由于事先已加工储备了大量肉食，有备无患，仅用 8 个月的时间就净赚上千万美元。后来默卡尔就成立了默卡尔集团。

在我们的生活中，处处充满了商机，但商机就像天空的闪电，稍纵即逝。因此，要抓住机会，果断决策，心动之后要立即行动。想得太多而做得太少，只会阻碍你行动的脚步。

很多时候，公司不缺能想出好点子的人。真正稀缺的是能够当机立断，敢于行动，把想法付诸现实的人。我们朝九晚五的上下班，走在路上，坐在公交车上或者开着车，我们可以在任何一个地方思考。通过研究那些成功人士，我们会发现一些共同点，他们大多有敏锐的眼光和魄力，很多创业者最初资金并不算多，但是他们善于抓住一些很不明显的信息，从而赚得第一笔资金。现在各行各业竞争非常激烈，若想成功就必须磨炼眼光，并果断行动。

只要经过考虑之后认为对的事情，万不可优柔寡断，必须马上付诸行动。不能根据实际情况立刻作决定的人，往往也容易失去成功的可能。

在学校读书时，李峰厨艺学得不错。但他并不喜欢厨师，当时就业压力太大，出于无奈才进了这家不大的酒店。整天与菜谱、锅碗打交道，他越发感到无聊。

一年以后，李峰决定辞去工作，家人朋友一再劝阻也无济于事。那天他准备下午去酒店辞职。中午一位同学打电话要请他吃饭。在席间谈到现在娱乐休闲行业刚兴起，一定大有发展前途，尤其是本市的此类行业更是少之又少，空间无限。

他听完从中得到很大启发：餐饮业不同样无可限量吗？虽然自己只是个小厨师，为什么不能在这方面寻点突破呢？下午，李峰去了酒店找到经理，要求承包厨房。他列举了星级酒店厨房管理的几个例子，并表示自己肯定会当好这个厨师长。

没想到的是，经理也早有此意，立马同意给他半年试用期。他没有让大家失望，酒店生意终于红火起来，他的月收入也超过万元。两年后，他接管了酒店，成了全市最年轻的酒店经理。后来，他又有了自己的分店。

可能在我们的生活和事业中都有过一些意外的机遇，但由于缺乏敏锐的洞察力和果敢行动的精神，只能让机遇悄然地溜走。

就算当时在心里暗暗下定决心，但因为不够重视或其他原因，转眼就抛弃了那个只在头脑中转了一圈的机会。

缺乏果敢行动的精神，也可能在于走不出目前的稳定状态。大多数人其实是从心底拒绝漂泊无所依的生活状态，拒绝孤独的。因为在原始时期，野兽出没，所以人类总是聚群而居，抱团取暖，而孤身一人是很难生存的。时间久了，这种喜欢稳定和安全的心理状态就保存在了我们的血液里。但是稳定久了，我们又开始向往自由自在、斗争激烈的生活，那能让我们感受到活着的意义。如何才能果断抛弃目前看似舒适，实则让你不快乐的生活状态呢？这需要你自己下定决心，没有任何人能帮你决定未来如何走，除了你自己。明面上是果敢行动，但实际上又何尝不是自己动手改变目前的生活状态呢？

8. 勇于试错，是事业成功的必由之路

在一生中，没有人可以永远不犯错。关键是对于错误的态度。有些人犯了错，被上司训斥之后，战战兢兢，如履薄冰，生怕再次犯错。做事情不求有功但求无过，从而失去了上升的机遇。有些人则不然，在发现自己犯错之后，积极面对以寻求解决之道，在犯错中学习进步，提升自己的能力。从反面来看，犯错可能是一种机遇，一种发现不足及时改正的方法。所有的不可能，都只是因为不曾尝试和坚持。

1920 年，在法国康邦街 31 号有一个时装设计沙龙，其中，

有个叫“可可”的女孩，是当时时尚界里赫赫有名的大人物。这个女孩儿一直有一个梦想，那就是希望自己能拥有一款举世唯一的香水，这种香水的香味、气质，只能是她一个人拥有的。

抱着这个梦想，她厌倦了市场上千篇一律的，靠鲜花花香来调制的香水。为此，她有了一个想法：何不自己研发一种独特的香水，这样一来，既能满足自己的愿望，也能顺便扩展自己在时尚界的版图。确定目标以后，可可开始行动了。

首先，她找到了巴黎香水界著名的“鼻子”恩尼斯，告诉他自己想要做品牌香水。她给恩尼斯提出了要求：“我的香水里不要一丝玫瑰的味道，我要一种完全人工合成和设计的香水!”听到这样的要求，恩尼斯吓了一跳，“人们都追求自然的香味，为什么你偏要人工合成的呢？你的想法简直太奇特了。”可可的想法，在当时看来完全是荒谬的。

但见她神态坚决，恩尼斯应承下来。刚好，他正在研究乙醚，这是一种极易挥发的合成物质，可以用来麻醉。如果少量用乙醚，可以让植物香气轻灵地散发。

可可盯上了这种神奇的东西，她大胆地建议：“为什么不用乙醚来调制香水呢?”恩尼斯把头摇得像拨浪鼓：“不行，还从来没有人敢用乙醚来制作香水呢!”“为什么我们就不能打破这个常规呢?”看着这个倔强又认真的女孩，恩尼斯再次败下阵来，答应让可可尝试一下。不出意料，第一次尝试失败了，他们制作出了连自己都叫不出名字的东西。很快，第二次尝试，第三次尝试……数十次尝试过去了。

终于，在经过几个月的试错之后，恩尼斯成功地创造出了一种没有单一主导型的香水。乙醚，也首次成为香水的原料之一。按特殊比例，将乙醚与多种高级香精混合，从而使香水拥有一种十分魔幻的诱人香味。

1921 年的一天，恩尼斯把研制出的几种香水样本交给可可，让她选一款满意的。细细闻过之后，可可挑出了其中的第五款，“就是它了，它就是我想要的香水。”这就是后来的“香奈尔 5 号”。

有一位年轻人曾问乔布斯，问他的智慧从哪里来？乔布斯回答道：“来自精确的判断力。”年轻人又问：“精确的判断力从哪来？”乔布斯回答：“来自经验的积累。”年轻人再问：“那你的经验又从哪里来？”乔布斯真诚地回答：“来自无数错误的判断。”

如今，我们都知道乔布斯非常成功，甚至有许多人以他为偶像。他的传奇经历令人感慨，可大家有没有想过，若是把乔布斯的经历放到我们身上，在经历过那么多的挫折之后，我们是否能有勇气重新爬起来，一遍遍地尝试，坚持几十年。

命运多舛，苦可能多过甜，泪可能多过笑。哪有那么多一帆风顺，哪有那么多贵人相助，或许前方还有大风大浪，高山峡谷，我们可能会被风浪打倒，可能会越不过高山，跨不过峡谷。但是我们必须向前走，一步步踏实地前进，现在总结失败的原因，就是以后劈开困难的利刃。行百里者半九十，愈接近成功，愈艰难，我们越要坚持到底。多一次错误，就离正确答案更近一步。

勇于试错，在某种程度上也可以认为是坚持。在不断尝试的过程中，遭遇失败是不可避免的。你可能会说，某某人很轻松地就成功了。但是请问你看到他之前失败了多少次吗？知道他背后付出了多少努力吗？一直看别人的成功是没用的，因为那是个案，不可复制。在这个相对公平的时代，我们可以用很多种方法来走向成功，即使错了也可重新再来，是不是应该庆幸并珍惜呢？

9. 持久的激情和热忱是事业的原动力

热爱一项工作并能长久地做下去，如此事业方能渐入佳境。如果只是单纯地喜爱一件事，却没有长长久久努力的决心，那么这份喜爱迟早会随风飘散。比如，若是因为养家糊口，才去做一些自己不喜欢的事情，那么上班的一整天都会是痛苦的，如此下去，于人于己都无益处。

由此看来，要做好一项工作，热爱和毅力缺一不可。时下提倡“工匠精神”，其实这里的“工匠”，指的就是这样一群人：能以持久的热情和热忱，献于自己的事业。那些取得大成就，或是实现了自己理想预期目标的人，无不是以这样的心态对待工作的。

李爽和季寒是表姐妹。李爽一进大学就有了出国留学的计划，所以她很刻苦地学习英语，她每天六点半准时起床，七点出门朗读英语，坚持了整整四年。每个假期，李爽都会报新东方，寒暑假从来没有待在家超过一个月。

记得有一个寒假，李爽在新东方上课，除夕夜才到家。春节期间，姐妹二人回老家同住一个房间。当季寒还在温暖的被窝里做着美梦，李爽早已经起床开始朗读课文了。

到了现在，李爽可以享受英文带给她的乐趣，读原著、看美剧，有一堆来自世界各地的小伙伴，可以毫无语言障碍地去国外旅行。而这些快乐，都是她当年不计回报、投入全部精力换来的。

而季寒呢，虽然也对英语很感兴趣，但是耐性不够。一时兴起学几天，稍微有些忙便把学英语的事情抛到九霄云外，以至于到了现在后悔不已。

生活从来都是公平的，种瓜得瓜，种豆得豆。你无法预料到你学的知识，掌握的技能会在什么时候用到，但是请记住，或许在未来的某一天，它们终会被用到的。我们现在能做的就是去尽可能地多学，并坚持下去。

实际上，没有哪一门知识或者语言、技能等是能在短时间内很容易被熟练掌握的。你看到的某些熟练的技能，是数年如一日的刻苦练习，是咬牙对抗懒惰的执著，是与内心渴望舒适区的对抗，是这些铸成了今天这般美好的结果。

当然，也可能很长一段时间，你都看不到回馈与收获，但请相信此时应该是到了一个平台期，正如减肥一般，只要及时改变方法，并坚持下去，成功终会到来。

哈里森·克雷格，一个严重口吃患者。因为这个原因，从小就不喜欢在人前说话，口吃让他生活在阴影里。他的父亲在他六岁时抛弃了他和家人。

在没有父亲的情况下，年少的他承担起了家里的责任。口吃的他，在学校备受欺凌，孤寂的日子里，他爱上了音乐，他意识到自己在唱歌时可以摆脱口吃困扰时，他开始在自己的歌声中感受到平静和满足。

一个口齿伶俐的人学习唱歌都不是一件简单的事，更何况他连话都说不流畅。但他心中的渴望融进了血液，他发了疯似地拼命练习。终于有一天，歌词从他嘴里飘了出来，没有一丝的磕绊。

在18岁时他参加了一个歌唱选秀比赛，并凭借动人的嗓音一举夺得第二季《澳大利亚好声音》歌唱比赛的冠军。

记者问他成功的秘诀，他说："装在壶里的水要想探出头，就只能让水开，用冒出的蒸汽冲开盖子。我只不过是将自己全部的热情和努力都投入了进去，让自己达到100摄氏度，蒸汽迟早会冲破盖子。"

记者追问道："那盖子要一时冲不开呢？"哈里森·克雷格笑了，说道："让水持续开着，总会把盖子冲开。"

命运无常，我们决定不了出生的家庭、相貌等等，可能生来残疾，可能天降横祸。这时我们可能会觉得生活黑暗，毫无希望。但如果有自己热爱的事情，它不仅仅可以转移我们对苦难的注意力，让我们快乐，也会成为我们人生中的一道光芒，一个转机，一个梦想。我们要做的就是用激情和不断地努力把这些梦想变成现实。

请想象一下，若是对生活以及工作失去了热情和坚持，那么本来短暂的人生就会显得特别漫长无聊，甚至会有些可悲，感受不到人生的充实与乐趣。很多人都曾抱怨生活不易，现实的残酷以及人心不古，只是有没有想过改变自己呢？我们不是什么显赫人物，手握重权或者是亿万富翁，所以我们能改变的只有自己，改变心态。能够找到真正让自己快乐和满足的事情，并一生为之奋斗，何尝不是人生的一大笔宝藏呢？坚持下去，我们终将收获属于自己的累累硕果。

10. 进取让你从一个阶梯到更高的阶梯

进取心，指的就是不满足于现状，坚持不懈地向新的目标追求的，蓬勃向上的一种心理状态。一个人如果没有进取心，生活就会永远停在某一状态。正如鲁迅所说：不满是向上的车轮。社会之所以能够不断发展，我们之所以能不断进步，靠的就是进取心。进取心，可以让我们突破现有的成就，抵达更高的地方。但是，进取心不是人人都有。

电视剧《我的前半生》中的唐晶就是一个非常努力上进的人，唐晶事业达到的高度是很多人为之奋斗的一个目标。她能够从当初一个初出茅庐的大学生成长为如今自信干练的模样，离不开她的拼命进取。

世界文学巨匠海明威说：“真正的高贵是优于过去的自己。”我们每个人都希望自己成为更优秀的人，而不断突破旧的自己靠的就是进取。当你足够卓越时，你自然而然就会更上一个阶梯。

刚刚进入公司时，刘青罗是最不被人看好的那一个，因为她仅仅是一个非热门专业的三本学生，此外，她的面试成绩也是所有人中最低的，可以说是差一点就进不了这家公司。因为以上这些原因，刘青罗进入公司后就遭受到了传说中的差别待遇。

有一次公司打算推销新产品，为了得到更好的主意，公司特地面向全体员工征集方案。虽然刘青罗还不是很精通市场营销，但是她决定试一试。

当有同事知道刘青罗要做营销方案时，都觉得她自不量力。一个非营销专业，并且没有任何相关经验的人做营销方案，可能吗？但刘青罗并不在意同事们的看法，她在短时间内翻看了很多专业营销书籍，并通过各种渠道查阅了大量相关资料等等，甚至花钱去向专业人士请教。在做了大量且全面的准备工作后，刘青罗很快完成了营销方案。

让人们惊讶的是，在人才济济的公司里，刘青罗的营销方案因贴近生活，比较容易被人们接受而最终被公司采纳。很快刘青罗被公司调到了营销部，专门负责营销创意的策划。刘青罗一点都不骄傲，为此认真研究市场，日夜钻研理论，团结同事，做出了不少令领导十分满意的方案。

然而令人困惑的是，正当刘青罗做营销刚刚得心应手的时候，她却提出申请并要求到广告部工作。很多人再次怀疑刘青罗能否做得好。但是刚过一年，刘青罗就出色地把广告市场打开了。后来，凭着出色的能力和进取心，刘青罗现在已经是公司的高层了。

刘青罗一直逼着自己不断地突破局限，强烈的进取心使她在事业上更上一层楼。刘青罗经常说：一个人的价值不是你从事的行业有多赚钱，而是取决于你不可替代的程度。而不断地向上走更使我明白进取心的可贵。

进取的人不会抱着以往的经验不撒手，他们只会觉得过去的就是过去了，和以后没有太大关联。来到一家新的公司，便意味着新的开始，不可以把原来的那番经验套用到现在的情况下。如果继续仗着自己经验丰富而为所欲为，结果可能会不尽如人意。毕竟在很多时候，工作年限就直接被等于了工作经验，这种方法是完全不可取的，因为估计有些人只是在一家公司混日子而已，不管待多久，他们的经验可能还是原来那些。

要保持进取心并不是件容易的事情。在外部环境比较恶劣的时候，因为向往安定和谐的情感更为强烈，所以进取心容易被激发；然而当周围的环境变得安稳舒适之后，人们的斗志很容易被一日复一日的安逸生活所消磨。

打个比方，大家在国庆长假或者是春节假期快结束时，是不是觉得很痛苦呢？有人称之为“节后综合征”。其实不然，离开工作环境后，整个人就像突然松下来的皮筋，刚开始觉得很舒服。到了后期，因为心中贪恋放松的感觉以及身体释放出来拒绝紧张的信号，所以才会变得萎靡不振、效率低下。

在事业生涯中，进取心是不可或缺的。不过要记住进取心太强或太弱都不好，需要把握好尺度。那么如何保持进取心呢？这需要我们调整好自己的心态，已经过去的荣誉不要贪恋，不要时时刻刻挂在口头；未来的事情不要担忧，定好自己的目标；把握好现在，放平自己的心，不要浮躁，做好该做的事情即可。

Part 8

你的性格，决定你的婚姻质量

1. 脾气暴躁是婚姻中的头号杀手

生活中有的人脾气暴躁，一点小事就能让他们火冒三丈，但在公司或其他公共场合又不好将这股怒火发泄出来，于是很多人就选择了家庭作为“战场”，将伴侣视作自己倾泻怒火的对象，让伴侣伤心痛苦，难以忍受。

来自大连的李长武先生，近日就遭遇了这样的事情，因为妻子脾气暴躁，两人经常爆发冲突，李先生终于不堪忍受，想与妻子王女士协商离婚，但是王女士拒绝离婚。

原来，两人早已分居一年多了。王女士性情怪异，脾气异常暴躁，在夫妻争吵时，经常乱摔东西。之前，两人曾开了一家小店，但王女士一生气就摔店里的瓶瓶罐罐……凡是可以拿起来的东西，几乎都被她摔过。以至于，在不久前的一次冲突后，小店里的一些贵重物品被摔坏，再也开不下去了，李先生再三思量，决定结束这段荒唐的婚姻。

最后，在大连离婚律师付林超的处理下，法院准予了两人离婚，并责令王女士赔偿李先生精神损失费 5000 元。王女士纵然很后悔，却也挽救不了自己的婚姻。

因为一点小事，就你一言我一句地争得不可开交，直至大打出手，从而升级为无法调和的家庭内部大矛盾。说出去好笑，也体现了我们人格和性格上的不成熟。

脾气过于暴躁，导致家庭暴力，最终致使婚姻破裂的事件屡屡发生。脾气暴躁，甚至被人们列为婚姻中的头号杀手，许多人表示：未来结婚的时候，坚决不找脾气暴躁的人做另一半，即便一辈子单身也好。可见人们对这种事情的厌恶。

吵架和打架，最是伤害夫妻感情。有些夫妻脾气都很暴躁，动不动就开始吵嘴，而且都不懂得退让，没有一个人愿意先给对方一个台阶下。这样的婚姻，定然是充满了泪水与委屈的，同时也充满了冷漠和伤害，婚姻很难长久维系，还会伤害到下一代。

夫妻相处，如果只是单纯的开玩笑式的打情骂俏，当然是能促进双方感情的，但如果是毫无节制的，怒发冲冠式的打闹争吵，那只会给彼此带来伤害，严重影响夫妻感情，轻者冷战几天，让一家子人都不好受，严重的甚至会闹到法庭上，洽谈离婚事宜。

“打是亲，骂是爱，不打不骂不相爱。”这句话说得很浪漫动人，道尽了情情爱爱的那点事儿。然而，随着这种“打骂”的升级，不堪忍受就替代了情爱。

婚姻的本质是“平淡才是真”，追求的是安安心心过日子，相敬如宾一家亲，它与轰轰烈烈的热恋是不同的。因此，我们不能把恋爱中的思维带入婚姻中。可以多点儿小惊喜和小浪漫，但像“一怒而拍案起，一怒而鬼神惊”这种事，最好是能少则少。

一个名叫“一夕宝宝”的网友在网上留言，说：和老公结婚快三年了，恋爱结婚都是两地分居，现在孩子快两岁了，我辞职和他一起生活，却发现不如期望的那样幸福，天天吵架，其实基本是我吵，他沉默。现在已经分房睡了，他下班后自吃自睡，对孩子很关心，可对我不闻不问，就连我生病了也不管。我主动沟通，他也不理我，我就来脾气了，会把气撒到孩子身上，可看着孩子可怜的模样，又觉得孩子太无辜了。但我控制不了自己的脾气，该怎么办？

其实，夫妻间过日子，很多时候不一定要分出个对错，但是一定要懂得忍让，作为成年人，遇事也应该学会冷静。无尽的争吵只能让婚姻中的双方备受伤害。尤其是在有孩子的情况下，更加不能轻易就怒火涛涛。因为孩子闯祸引发夫妻大战，或者将夫妻间的矛盾转移到孩子身上，又或者将家庭之外的纠纷迁怒到孩子身上，不管哪种情况，都是极度负面的，是非常不好的，这有可能会给孩子带来一生的阴影。

不管是男人还是女人，肆意将脾气发泄到家人身上，对另一半动辄打骂不休，或是发动冷战，实施冷暴力，这都是没有教养，素质低的表现。脾气暴躁的人，也许他们的初心并不坏，但他们造成的后果，却让人难以承受，婚姻中我们应该对这种人敬而远之。

也许有人会说，“我也不想啊，可这是天生的坏脾气，性格上的毛病，江山易改，本性难移，改不了的。”还有人会说，“我只是孩子气了一点儿，就不能让让我吗？又不是什么大事，忍忍不就好了吗。”这些话看似理所当然，但实际上却是自私自利到极点的表现。生活不易，这里面的各种琐事是绝大部分人都会面临的压力，既然成为了一家人，就应该彼此扶持。如果因为自己工作不如意，生活不顺心，就把气撒到另一半身上，这是可耻的。

在发脾气前，冷静地想一想，自己真的要发这通火吗？发完火就能解决问题吗？让脾气先“飞一会儿”，不要冲动，不要用最狠毒的话，伤害我们最亲最爱的人。

大千世界，芸芸众生，能够相识，相知，相恋，最后走到一起，组成家庭，这是十分不易的事，千万不能因为脾气暴躁，就将之毁于一旦。如果我们是脾气暴躁的人，那就请改变我们的性格吧，尊重爱人，别让性格毁了我们得之不易的幸福。

2. 控制欲太强的婚姻大多很失败

总打着帮助对方的幌子，不管对方的意愿，强行“关心”对方，强烈建议对方去做一些自认为很好的事，将自己的喜好强加给对方，随意翻查对方的手机、钱包和衣服，只要对方脱离自己视线一小会儿，就会问东问西，将对方牢牢束缚在自己身边……

以上种种，都是一个人控制欲强的表现，这样的人，在婚姻中是很难得到幸福的，即使得到幸福也会很快失去。因为他们过于强烈的控制欲，让对方难以承受。

覃兆伟和女友伊舒颜已经恋爱两年了，彼此见了家长，婚事逐渐提上日程。按理说，一切都很顺利，可因为伊舒颜的多心和猜疑，离婚期越近覃兆伟就越恐惧。

刚恋爱的时候一切还不明显，后来交往久了，覃兆伟发现，伊舒颜的疑心很重，经常检查他的通话记录以及购物清单。刚开始的时候，覃兆伟还能理解，但这样的次数多了，他心里也有些不舒服了。日积月累，两人终于因为这样的事，第一次吵了架。

那一天，覃兆伟打电话向表妹咨询一点儿事，可表妹讲了半天他还是没听懂，表妹就索性把她在这方面的“专家级”朋友的手机号发给了他，让他向对方请教。

对方是个女孩儿，可能是通话时间稍微有点儿长，伊舒颜多疑的毛病就犯了，一直问覃兆伟是谁的电话、谁的短信，任凭覃兆伟怎么解释都不信，非要查手机。覃兆伟被弄得心烦意乱，就说：“我给你两个选择，一是我给你看，但我立马走人。二是你不要看，我再陪你一会儿。”她想都不想，坚持看手机。看过手机，发现没什么可疑之处，她又说了一句：“不知道是不是被你删了？”气得覃兆伟扭头就走。

事后两人冷战了两天，最终还是以覃兆伟道歉而结束。从那之后，因为此类事件，两人发生过无数次争执，最终也都不了了之，可覃兆伟的内心却越来越纠结。

原以为定下婚期，女友的疑心病会好转，哪知反而变本加厉，动不动就让覃兆伟发誓只爱她一个，拐弯抹角试探他，稍有不对就不依不饶，令覃兆伟身心俱疲。

因为对丈夫或妻子的情感有怀疑，于是千方百计想要了解对方在外面所有的活动内容和接触对象，这种心态和行为，不但达不到想要的效果，反而会破坏夫妻关系。

在情侣相处或是婚姻生活中，把对方管得太死，这并不意味着我们很爱对方，对方也不一定会欣然接受。实际上，大多数时候，这种“管得太宽”、“管得太死”的行为，只会让对方生出疲惫感，觉得自己被束缚了，在这种压力下，他们感受到的并不是爱，有的只是无尽的痛苦和压抑。时间一长，就会令他们心生反感，乃至憎恶。

从心理学的角度来讲，控制欲是人类原始的本能之一，每个人或多或少都会想要控制一些人或事或物。缺乏安全感，追求完美，谨小慎微之人，其控制欲更强烈。

控制欲的成因，大多伴随着“安全感缺失”而产生，这和原生家庭的影响，外部环境的影响，甚至是个别事件造成的心理伤害，以及曾经的经历都有一定关系。

就像案例中的伊舒颜，她的疑心病就有可能是基于前一段失败的感情经历，又或者是父母双方不友好的相处方式，再不然，就是身边有这样经历的朋友。总之，必然有一些因素让她产生了这样的想法：男人是靠不住的，如果自己稍微松懈，让他溜出自己的视线外，就有可能失去对他的掌控。从这一点来说，她的疑心是有理由的。

但是，我们要清楚地意识到，爱情和婚姻的首要前提，就是对彼此的尊重和信任。如果因为之前经历的影响，而将不信任、失望、疑神疑鬼等情绪用到我们现在的爱人身上，这对对方而言是极不公平，也不够尊重的，绝大多数人都无法忍受这种对待。这会给他们释放一种信号：自己只是前任或某个第三者的替身，代替他们承担了某些错误。

在感情中，很少有人愿意当别人的替身，谁都愿意相信，自己是不可替代的。这就导致了，一旦把对方管得太严，整天疑神疑鬼，想要控制对方，令对方产生了“自己不被信任”、“自己只是替身”的印象，往往会引起对方的激烈反抗，直至感情破裂。

当然，也有人是天生就有着极强的“占有欲”，这样的人，喜欢一个人就想要拥有他的全部，完全不懂得给对方留空间。面对这种情况，我们就有必要收敛自己的性格，学会如何去爱一个人：爱一个人，不是彻彻底底的占有，而是懂得让对方感到舒服。

总之，如果真的爱一个人，就要相信对方，给对方一点儿私人空间。须知，哪怕是关系再亲密的两人，他们之间也应该保持适当的距离。再则，每个人都是独立的，只有保持这种距离感，彼此间才可能长久相处，一份感情也才能始终保持鲜活的生命力。将对方时刻置于自己的“监视”之下，满足的不过是自己的控制欲，伤害的却是对方。

3. 患得患失的性格会让你更容易失去另一半

在感情世界中，患得患失具体表现在这样一个方面：因为太过喜欢你，所以我不能和你在一起，我怕分手后，连做你朋友的资格都没有了。说白了，就是缺乏安全感，明明心里爱得不行，却还是自我怀疑，既怀疑自己，也怀疑对方。不管是恋爱还是婚姻中，抱着这样的心态相处，最后往往会出大问题，轻则争吵不休，重则以分手告终。

唐丽颖与丈夫已经结婚两年了，从最开始的“幸福甜如蜜”，到现在的感情麻木，三天一小吵，五天一大吵，尤其是最近，两人更是到了想要离婚的地步。

事情起因于唐丽颖患得患失的性格，结婚没多久，她就觉得丈夫不像结婚以前那么在乎自己了。这让唐丽颖觉得，两人爱情的保鲜期已经过了，有些审美疲劳了。因此心情很不好，常常焦虑不安，且大发脾气。

丈夫问她为何生气，她说，是因为两个人在磨合。

丈夫很不满，回答说，“结婚都两年了，还没有磨合好……”

唐丽颖也说：“就是在磨合，就像我们领导说的，谈恋爱嘛，是‘谈’，用语言来表达的那种。过日子，是过，有些就是无法用语言表达的，这样双方诸多不一致的地方就会随着生活不断地暴露，所以我们需要有一个磨合期，一个相互适应期。”

丈夫就说：“那，要是不磨合了呢？”

唐丽颖想也不想，就说：“那就只有散了呗！”

每当她说出这样的话，丈夫都很生气，说道：“啊？你都有这想法了。”

其实，唐丽颖不是这个意思，但她又想试试丈夫的心意，总担心这只是自己自作多情，丈夫心里已经别有想法，于是故意说些刺激的话。

慢慢地，丈夫也有些心灰意冷了，变得不爱搭理她，说，“既然你心里都有这样的想法了，我还能说什么呢，你什么时候看不惯了，忍不住了，我们就离婚吧。”

婚姻中不要轻易说出“离婚”两个字，正如恋爱中不要轻易提出分手。有的人因为缺乏安全感，凡事都会做最坏的打算，以至于在经营感情的时候，常常表现得过于计较得失，频频以“离婚”、“分手”相要挟，这是极不理智的，结果往往都是弄巧成拙。

婚姻，需要经营，但不要患得患失。有人说，最好的爱情就是爱就表现出来，不必因为担心对方不够珍惜而不敢去对他好，当下才是最重要的。两个原本没有任何交集的人，能在茫茫人海中走到彼此身边已经很不容易了，既然互相欣赏，就好好放手去爱。

患得患失，不相信自己，也不相信对方的爱，这反而容易使原本美好的一段感情，因此产生裂缝。感情是纯粹的，是长久的陪伴和纯粹的心动酝酿出来的，掺杂了乱七八糟的心思，就很容易破坏这份感情。谁也不知道明天会是什么样子，与其因为自己的犹豫而错失彼此，给自己留下遗憾，还不如勇敢地尝试着打开自己的心扉，放心大胆地爱一场。

既然爱，就请相信。每天担心什么时候会分手，会不会遭到背叛，是没有意义的。而且在这样的心理暗示下，假设有十之八九都会成真。想想你当初为什么会选择开始，记住这个感觉然后一直相信吧，好好体会这一刻恋爱的滋味，珍惜这一刻的美好。

每个人都是独立的个人，拥有自己的生活，自己的空间。虽然他是你的另一半，可他也有他必须去做的事，不可能一整天都围着你打转。同样，你也应该拥有自己的空间，而不是整日围着他打转。不要把对方当做自己的全部，不然，你的情绪就会被对方完全掌控。

此外，两人在一起，误会和不满总是难免的。在发生误会时，千万不要为了表现自己的大度，而把不满存在心里。时间长了，小问题一起发酵，就会产生质变，酿成大问题。倒不如做个“心直口快”的人，有不满及时说出口。有时候，误会源于沟通不及时。

保持乐观，不要多想，好好提升自己。珍惜自己的人，才能得到别人的珍惜。与其患得患失，令你的另一半感到不自在、不被信任，进而心生厌烦，倒不如整理好自己的外表，充实自己的内涵，做一个内外兼修的人。这样的你，不需费心也能留住对方。

4. 婚姻中，两个人性格相似好还是互补好

人们经常问这样一个问题：婚姻里的两个人，到底是互补好呢？还是相似好呢？两人相似的地方多，有共同语言，容易走进对方的世界。可如果双方都是脾气火爆之人，这岂不是两根“炮仗”聚在一起，一点就着，一着就爆？两人互补的话，一个性格温柔，一个心胸广阔，有容人之量，在一起会格外舒心，但这样的生活也会少了很多乐趣。

其实，无论性格互补，还是性格相似，都有些太过片面。在现实生活中，求同存异才是最好的方式。也就是说，两个人要既有相同，也有不同，这才是比较合适的。同，是为了彼此能有话题聊，能走进彼此的内心。不同，是让我们对对方保持新鲜感。

韩喆是研究生毕业，容貌一般，体型丰满，家境一般，但专

业精深，为人老实，做事脚踏实地。他的妻子林晓琳，初中毕业，长相漂亮，家境富裕，很能挣钱，人也泼辣外向。在旁人眼里，他们这一对新人无论是文化、工作，还是长相、收入以及性格，都是能够互补的完美夫妻。然而，事实是他们经常冷战甚至吵架，原因是他们经常观点不同。

最讽刺的是，有一次两人去看电影，妻子林晓琳要看漫威的超级英雄电影，而韩喆想要看一部艺术类型的影片，两人为此争吵不休，最后在电影院大打出手。就这样，由争吵到冷战再到分居，两人最终无法忍受这痛苦的婚姻，不顾家人反对，离婚了。

有道是，物以类聚，人以群分，观念的相似，更容易使人产生欣赏的想法。就像韩喆夫妻，两人文化层次相差太大，对事情的看法和认识有很大差别，自然难以夫唱妇随。虽然两人看似在性格上比较互补，但巨大的差异盖过了互补的能力，最终还是分手了。

然而这并不是说性格互补就不可取了，而是要有一定的基本前提。真正的好伴侣，应该先是相同的，然后才是互补的。所谓相同，指的是世界观、人生观、价值观的相同，也就是人们常说的，在看待大是大非，以及一些大方向上的问题时，夫妻应该保持一致。这才是两个人在一起必备的基石。越是深厚，越能长久，越是浅薄，越易摧折。

做到了这些，再来谈互补。这种互补多是外化的，比如你脾气大，他善于克制情绪，你有点懒，他很勤快，你喜欢做饭，他喜欢美食，你很主动，他喜欢被动……这种互补，让彼此都能发挥自己最大的优势，两个人在一起不是 1 +1 等于 2，而是 1 +1

大于2。

网友娇儿蛋妈在网上发帖说：我和我家老公，既相似又互补。相似的，比如我俩都喜欢说笑，喜欢浪漫，生活里有好多的习惯我们都是相似的，“趣味”和“臭味”也大都相投，10件事里至少有9件事都是一拍即合……唯一能互补的就是脾气这方面了。和老公在一起时，我就刁蛮任性不讲理，撒娇耍赖打滚儿，拼了命地折磨他，脾气很坏。但他从不会和我急，能特别温柔地容忍我折腾他，所以我们的感情特好。所以我觉得，既相似又互补比较好。

心理学上认为，性格是一个人对现实的态度，以及与之相适应的习惯化的行为，通过人对事物的倾向性态度、意志、活动、言语、外貌等方面表现出来。不可否认，两个陌生人若能意识到彼此的相似性，更容易相互吸引，两者越相似就越能相互吸引。

美国心理学家纽加姆，曾做过一个著名的心理学实验。他让17名互不相识的大学生同住在一间宿舍中，对他们之间的情感变化过程，进行了长达4个月的跟踪调查。实验结果表明：在相识之初，空间距离的远近决定了彼此的亲疏程度；然而在实验的后期，那些在信念、价值观和个性品质上相似的人，在研究结束时都成了形影不离的好朋友。

与“相似性”不同，著名心理学家荣格则认为，“互补定律”也在极大地影响着人际交往。他认为每个人都具有“显性”与“隐性”两种不同的人格，也就是说，一个看上去很活泼的人，可能潜藏着冷静的一面；而一个安静的人也可能变得躁动不安。

因此，当我们遇见一个有我们“影子性格”的人时，内心会涌起兴奋的愉悦感，因为对方体现出我们所缺乏或压抑着的特质。这就是互补定律，指人在性格、兴趣、思想观念等方面存在差异，当双方正好成为互补关系时，彼此也会产生强烈的吸引力。

比如在感情搭配中：支配型的人和服从型的人、热情健谈的人与忧郁沉静的人、脾气暴躁的人与稳重恬静的人，以上种种搭配往往更易结合，更能使得双方都感到亲近和舒服。研究表明，互补因素增进人际吸引，使双方关系更协调，满足彼此的需求。

因此，通过上面的分析，我们对婚姻里“性格互补好还是一样好”这个问题，应该有自己的答案了。婚姻里最重要的是包容和理解，而不在于是否能够互补或相似，只要做到了这两点，就能最大限度发挥性格的优势，且弥补性格劣势带来的影响。

5. 好吃懒惰，没有责任感的夫妻没有未来

什么样的婚姻才能维持长久，才能携手一起走到最后？这个问题我们无法回答，因为答案并不唯一。但若是问到，什么样的婚姻没有未来，绝大多数人却能给出答案。其中，夫妻双方没有责任感，是公认的不太可能走到最后的一种失败的婚姻。

一位网友网上留言：老公没有责任感，好吃懒做，不照顾孩子，也不上班，每天就等着我回家做饭、洗衣服，要不就是出去和狐朋狗友鬼混，我有点想离婚了。

下面有数百网友跟帖，有的劝她要为孩子着想，有的劝她不要冲动，但更多地却是一些女网友的评论，她们义愤填膺，指责

到：这种没有责任感的男人，你还跟着他干吗，赶紧离婚吧，不然，将来有你后悔的，这种婚姻是没有未来的。

一位社会学博士在做毕业论文时，从法院民事庭提供的4800份资料中，发现了一条规律：在这4800份协议离婚案中，真正因感情彻底破裂而离婚的，只占了不到10%，其他的人之所以离婚，只是觉得自己的另一半没有将家庭责任放在心上。

这位博士又到社区去做调查，结果听到的最多的言论，依然是“好吃懒做，没有家庭责任感”，大多数夫妻都是因此而争吵不休。因为觉得另一半没有责任感，不太靠得住，所以他们要么刺激、逼迫对方改变，要么心灰意冷，最终走上离婚的道路。

可见，在现实生活中，责任感对维持婚姻的稳固，至少是起到了很重要的作用，这一点是毋庸置疑的。所谓责任，便是男女双方要对自己的小家庭有共同承担责任的义务，及自己在家庭当中享有的权利。通俗来讲，就是大家都有义务挣钱养家，丈夫疼爱妻子，妻子体贴丈夫，相互间予以物质、精神上的支持，共同为了这个小家而努力奋斗。

通常情况下，没有责任感的表现有以下三种：

第一，不愿意承担经济责任。这一点是不分男女的，在现代化社会，社会生产力早已得到大解放，女人也有赚钱的义务和能力。因此，一旦组成一个家庭，不管是丈夫还是妻子，都应当为自己的家庭提供物质保障，否则，都是没有责任的表现。

第二，在家庭中不承担责任。譬如为人懒散，不做家务，对孕产期或生病的妻子照顾不周，对生病、醉酒、身上有伤的丈夫不闻不问，以及对幼子放任不管等。

秦逸山和薛云华小两口就是如此，两人都是不负责的人，结婚一年多，仍然赖在父母家，整天不上班。比如，秦逸山只顾着上网、酗酒，跟朋友胡闹，而薛云华呢，只负责跟闺蜜逛街、看电影，买化妆品。三个月前，薛云华生了小宝宝，然而，一向贪玩的她，生完孩子后孩子不管，家务不做，成天游手好闲，公公婆婆一说，就大哭大闹着要回娘家，然后秦逸山又忍不住吼他，最后两人打作一团，闹着离婚。

家是彼此的，不是哪一个人独有的。在承担责任的时候，身为家庭成员，不论男女都应该鼎力承担起自己的责任。逃避责任，对婚姻、家庭没有好处。

第三，是情感上的不负责任。不能定期陪伴家人，对家人比较冷漠，或者寻找婚外情，对配偶不忠。这一点在婚姻中大多是男人的死穴，由于受一些不好的传统思想影响，相较之下男人更容易出轨，更容易在感情上采取肆意懈怠的态度。

当然，现下有不少女子也存在类似问题。但是不管怎么说，这种类型的“不负责任”，对夫妻感情、对孩子而言，都是极大的伤害，是婚姻的杀手。

不管愿意与否，一个人在选择成家的同时，他也就别无选择地承担了家庭责任。责任是不可选择的，不去承担就是逃避。家庭成员之间不是服从与被服从、主要与次要的关系，他们是平等、互爱的关系。

家庭不同于社会与单位之处，就在于家中充满自觉的爱，而这种爱来源于每个家庭成员无私的奉献，这种奉献源于对家庭的责任感。家庭中的每个成员，其实在为对方作出牺牲时，潜意识中都希望得到爱的回报，包括情感上、言语上和物质上的。

因此，家庭中的牺牲和奉献不应该是单方面的。在一个家庭中，只受用而无奉献的人是自私的。追求个人理想的实现是崇高的，但以牺牲别人来成全自己，是否就显得卑劣了。理想可以不去实现，但责任一定要负。不敢、不能负责任的人又何谈理想。

一句话，一桩美满的婚姻，应该是夫妻双方有一个共同的目标，并且为了实现这个目标共同去努力。而一对好吃懒做、不愿意奋斗、不愿付出的夫妻，是很难建立起共同的家庭责任感的。他们有可能打牌、沉迷网游、无所事事等，只顾自己玩，却不为未来做打算。这样的感情和家庭，没有现实基础，没有责任感，夫妻之间很难有长远未来。

6. 什么样的性格容易在婚内出轨

婚内出轨，是对婚姻最大的不忠诚，也是对爱人最大的伤害。通常，只要发生了这样的事，我们几乎可以断定，这桩婚姻算是完了。不管男人还是女人，大部分都无法忍受伴侣的不忠。因此，在绝大多数人眼中，婚内出轨，是世上最可恨的事。

现实生活中，那些出轨的人，大多都有自己的原因或苦衷，或伴侣率先对不起自己，或对自己的婚姻不满意，或受到外界的引诱，对更好的物质生活怀有向往等等。那么，更深入地分析，这种恶劣的行为，与人的性格有没有直接的关系呢？

一些婚恋大师通过自己多年的工作经验，以及对无数情感咨询对象的调研观察，发现了以下七种性格的人，比起其他人更容易“花心”，更容易生出对婚姻的不忠之心。

第一种性格：自命不凡，空谈理想的人。这种性格的人，往往对自己有着强烈的自信，甚至可以说是自负，总认为自己应该得到更好的，对他们而言，不断使自己变得更好、更优秀才是追求。因此，一旦对另一半产生了“不长进”、“不够优秀”、“配不上我”等想法，他们就会感到失望，就会想：也许，我该换一个更好的。与这种类型的人相处，想要维持婚姻健康，我们需要提高自己。

第二种性格：古道热肠，体贴入微的人。这种人算得上是最体贴的情人了，可他们也是出轨的高危险群。因为体贴入微是他们的性格标签，所以他们很容易收获异性的好感，这使他们在人群里“光芒万丈”。另外，他们也喜欢把“征服爱情中的重重困难”，视作能带来成就感的一种征服行动。

尽管他们对每一段恋情都保持热情而专注的态度，但这种态度很多时候却熬不过热度退散，只停留在恋情刚开始的时候，一旦时间一长，热情就会冷却，这是婚姻大忌。

与这种性格的人步入婚姻殿堂，我们需要多留一个心眼，尽量花掉他们的时间，让他们投入到工作中去，让他们忙到没时间注意身边其他需要被照顾的异性。

第三种性格：极度追求成功，乐于攀比的人。这类人通常都是工作狂，又好面子，喜欢看到别人惊叹的目光。因此，当他们身边有人出轨了，他们或许会出于“面子需要”而刻意出轨，免得自己在这方面输给他人，并将之视作“成功人士”的标配。

与这种性格的人结为伴侣，尤其需要注意他们周围好友的“成色”，尽量让他们少结交那些品行不端的人。只要能保证他人际圈的风清气正，自然能规范他们。

第四种性格：典型的“吃碗里，想锅里”的贪婪者。这种性格的人，通常都有“吃不到才是最好的，得不到才是最值得追求的”这样的情怀。

因此，身为这种性格之人的另一半，需要有极其宽大的包容力，能够容忍他们不安分的心；同时，还得具备惊人的意志力，能够忍受得了他们忽冷忽热的爱情态度。

第五种性格：天性谨慎，敏感多疑，缺乏安全感的人。这类人陷入热恋中时，往往一腔柔情蜜意能融化任何人，但缺乏安全感的他们，通常会执著于以自己的专情，换取另一半的忠诚。但又把握不住尺度，反而令对方感到难受，进而疏离。这个时候，他们就会觉得自己的一片真情被辜负，因而情绪波动，生出见异思迁、移情别恋等等想法。

这种性格的人，属于表面上不会出轨，但实际上很容易因为婚姻生活中，一点点的不如意就另投他人怀抱的人。因此，与他们相处，要设法打消他们心理上的不安。

第六种性格：追求刺激，有猎奇心理的人。这类人往往是最有本钱出轨的一群人，他们大多都是团体中受人瞩目的焦点：自信、风趣、又懂得享受生活。最重要的是，他们对待感情，绝对是“拿得起、放得下”，不会拖拖拉拉，让大家都难受的那种。

想要和这种人保持爱情长长久久，另一半最好也培养自己开放、自信的态度，不要自寻烦恼，把握住当下，享受你们恋情中最美好的部分，从气场上压过对方。

第七种性格：霸道总裁范儿的人。这类人喜欢将另一半视为自己的责任，提供滴水不漏的保护。在爱情中，他们强势，惯于占据主导地位，十分在意另一半的忠诚度，并且习惯订下约束彼此的规定。不过，多数时候他们自己反而是打破规定的那个人。

这种性格的人，过不得平淡无奇、没有丝毫挑战的日子，喜欢拼搏、搏击风浪的奋斗者人生。想与他们长相厮守，我们自己就必须表现得足够坚强，足够忠诚。

当然，性格并不是决定人生的唯一因素，每个人都是独立的个体，对同一个问题也有不同的想法。以上分析只是参照，不必盲目地生搬硬套。婚姻是靠夫妻双方共同经营的，只要彼此相互理解和努力，一定能收获一段幸福美满的婚姻。

7. 不要当妈宝——性格太弱没担当的男人婚姻多不幸

以前，人们常说，男人是女人的天，是女人的依靠。这句话或许显得很传统、封建，有些大男子主义。但从某种程度上来说，是有一定道理的。即便是在当下，我们仍然不得不承认，婚姻中男人依旧大多数处于支柱地位，如果男人性格懦弱，没有担当，妻子通常会很苦，这种婚姻是不幸的。

秦海兰有一个朋友，名叫张玉恒，出身书香世家，从小到大都是好孩子，品学兼优又富有正义感，关键是还长得帅，走到哪里都有女孩子搭讪。然而，就是这样一个人，却接连三次婚姻失败，令人唏嘘。不熟悉他的人都替他惋惜，说他运气不好，总是遇见错误的人。只有秦海兰知道，之所以会这样，其实关键原因在张玉恒身上，他太软弱了。

张玉恒的三任妻子，前两任不说，算是各有过错。但是第三任妻子，完全是因为张玉恒的关系，不得不与他离婚。这任妻子是他的同事，也是他灵魂上的知音，两人有非常多的共同语言，也是男才女貌，可以说，仅从个体而言，两个人简直就是天造地设的一对。

遗憾的是，这位同事自小体弱多病，长大后虽有改善，但体质上异于常人，根据医生的说法，她有可能生不出孩子。不是怀不上，而是身体过弱，强行生育恐有生命危险。得知这个消息，张玉恒的母亲可谓勃然大怒，对这个儿媳一点儿好脸色都没有，见面就挖苦数落，说她没本事生孩子，耽误了张玉恒，又说她居心不良，要让她老张家绝后。

一来二去，女孩儿渐渐不堪忍受这种折辱。期间，她也曾冒险怀孕过一次，但最终还是拿掉了。张玉恒的母亲知道后，更是不待见她，甚至公然唆使张玉恒离婚。终于，女孩儿受不了了，要求张玉恒制止他母亲的这种行为。

本来，这个时候张玉恒若是能挺身而出，为妻子说句话，一切皆大欢喜。奈何，从小习惯于听从父母之言的他，选择不吭声。他这种软弱和没有担当的表现，令妻子非常失望。果然，没多久他俩就离婚了，女孩儿辞职离开了公司，一个人出国留学去了。

如今，多年过去了，每当秦海兰问张玉恒是否后悔时，他总是苦涩地笑道：“很痛恨自己当年没有勇气站出来，没有尽到一个丈夫应尽的责任，真的很对不起她。”

如今，有很多女孩儿将自己的男朋友或是爱人称为“妈宝”。所谓“妈宝”就是指凡事都听妈妈的话，妈妈说什么，就是什么，大到婚姻大事，工作就业，小到中午吃什么，晚上吃什么，都是妈妈说了算。乍一看，这样的男人似乎挺孝顺，是个乖孩子。实际上，在婚姻中，这种“逢妈必听”的处事态度，是非常危险的，甚至是婚姻杀手之一。

一段美好的婚姻，靠的是妻子贤惠懂事，丈夫稳重有担当。这种担当并不局限于挣钱养家，忠于家庭，忠于爱人，更在于坚定自己的立场，主动维护夫妻的感情，爱人的尊严，以及家庭的和谐。不管在任何时代，婆媳关系、妯娌关系等，都是影响家庭和睦的危险因素，但很多时候，一些丈夫在面对这些问题时，过于软弱，没什么作为。

软弱与柔情仅有一纸之隔，带来的结果却是天壤之别。男人对女人宠爱，对父母孝顺，对婚姻的责任与担当，体现了行之有度的重要性。在婚姻中的软弱的男人，也体现出他的本性，遇事逃避，不擅沟通，只会把错误推到别人身上。

当然，男人缺乏担当，其表现形式是多种多样的，有的表现为不顾家庭，不顾父母、妻儿的辛苦，成天在外鬼混；有的表现为对爱情的不忠，对爱人的不诚；而更隐晦的一种没有担当的表现，则是对妻子宠爱无度，没有底线，不断践踏自己，又或者一切屈从于父母的安排，无视妻子的感受。但不管是哪一种，都是我们需要警惕的。

林语堂老先生说过这样一句话：婚姻犹如一艘雕刻的船，看你怎样去欣赏它，又怎样去驾驭它。有担当的男人懂得欣赏婚姻，驾驭婚姻，而不是处处贬低共同经营的婚姻，因为那样做，实际也是贬低了自己。对女孩而言，没担当的男人是不值得托付的。

8. 性格强势、争强好胜的女人往往是家庭的灾难

网上有句话，叫“走到一起不容易，且行且珍惜”。的确，从亿万人中相遇，最后走到一起，组成一个家庭，建立一段婚姻，这是非常不容易的，能影响、甚至破坏它的因素实在太多了，我们必须小心又小心，警惕又警惕。其中，性格太过强势，乐于争强好胜，是婚姻中的又一大杀手。尤其是，这个性格强势，争强好胜的人是女人。

张欣妍，人送外号“小辣椒”，又称“现代武则天”，可见其为人之强势。还在大学的时候，就因为性格过于强势，连谈了七八次的恋爱，次次都以失败告终。

毕业后，在几个闺蜜的大力撮合以及步步指导下，好不容易将自己“交代”出去了。却不料，两口子三天一小吵，五天一大打，甚至搞得丈夫每次见到这几个闺蜜，就指责她们：“当初你们把她介绍给我的时候，为什么不告诉我她是这样的女人。”

倒不是这位丈夫挑剔，实在是张欣妍的性格着实少有人驾驭得住。平日里，丈夫只要有一丁点儿不如她意的地方，必定会招来她的三审六问，有时，她还会把怒火延伸到公婆身上。

有一次，丈夫多年未见的哥们儿留学归国，为了庆祝哥们儿

学业有成，丈夫就包了一间 KTV，打算玩儿个通宵，好好陪陪兄弟。哪知道，张欣妍下班回家，不见丈夫身影，打电话听见那边声音嘈杂，丈夫又喝了酒，当下气得不行，开着车就去了现场。

刚进包间，也不看旁边有没有人，上去就是一耳光，吼道："不是跟你说了，不要在外面玩得太久么，老娘上班这么辛苦，回来还得管你这些烂事儿。"

丈夫被这一巴掌打得火冒三丈，借着酒劲儿就跟她动手动脚，她更是恼怒，又叫又跳地还起手来。最后，两人闹得太过分，双方父母都赶了过来，张欣妍指着公公、婆婆就是一阵乱骂。丈夫自觉失了面子，又让父母跟着受罪，一气之下，提出了离婚。

生活中，一些女孩儿由于原生家庭的关系，父母婚姻不幸福或者是独生女的原因，导致在成长过程中形成了强势的性格，认为只有把一切掌握在自己手中才有安全感。殊不知，婚姻中的女人过于强势，争强好胜，往往会给婚姻带来危害。

强势的女人一般会表现出强烈的控制欲，无论什么事情，她都认为自己才是对的，喜欢一个人做决定，不考虑丈夫的感受。慢慢地，丈夫就会觉得，自己在这个家里根本没有地位可言，为了找回男人的形象、雄性的内在，可能就会想到再找一个女人。

尊严，对于男人而言是非常重要的东西，甚至于很多男人一生所追逐的，也就是尊严而已。金钱、地位、女人和孩子，都是这种尊严的载体。在传统婚姻中，男人多数时候是作为领导者而存在的，而女人则更多充当一个被领导者。当然，这种观念不免有些过时，当代婚姻追求的是彼此平等互重，在人格、身份地位、乃至经济上都完全平等。

如果女人过于强势，再次打破这种平等，男人就会觉得自己的尊严受到了极大的侮辱和侵犯。这个时候，如果女人还让男人在同事、朋友面前丢面子，那么几乎可以预见，这场婚姻注定坎坷。而且，这还会在男人心里形成一根刺，永远不会消除。

其实，男人和女人一样，也需要一个给予他关心、理解和尊重的人，而不是找一个像男人一样强势的女人，天天压迫于他，让他感到憋屈。

也许，有的女性朋友会说，“凭什么啊，男人领导我们女人几千年了，就不允许我们翻身做主人了？现在是 21 世纪，大家都是平等的，凭能力吃饭，靠实力说话，我比他强，就应该是这个家的领导者。如果不服，他可以滚啊，这种男人老娘才不稀罕呢。”

这种想法是很不妥当的，因为它本身就已经无视了“婚姻双方，平等互重”的原则。维系一段婚姻，不是靠“谁能力强，谁就有说话权”这种模式的。我们如果这样做，和那些大男子主义者又有什么分别呢？只不过是让男人更加敌视我们，让我们的婚姻更加坎坷罢了。一个女人能经历多少次婚姻？婚姻中，幸福需要彼此共同去经营。

还是那句话，女人可以优秀，可以独立，但不能恃才傲物，以功利的眼光来衡量自己的婚姻和爱人。男人不是机器人，铁血中也有柔情，他们也需要关爱。太过强势，只会让自己变成带刺的荆棘，令人望而生畏，直至逃离。事实上，不管是男人也好，女人也罢，在婚姻中强势，争强好胜，都不是明智的行为。走到一起不容易，且行且珍惜。

Part 9

拥有这些性格特质的人，更容易获得幸福和快乐

1. 对生活充满热情的人都很快乐

很多人苦苦追寻快乐而不可得，其实，快乐就在我们身边。它囿于方寸之地，却容得下山川湖海的纵横；它限于时间的制衡，却能突破古今的束缚，只要我们对身边的任何事都保持热情。那些取得大成功的人对一切充满热情，在他们眼中，工作也能带给他们快乐。对我们普通人而言，也许不像他们那样活得波澜壮阔，却也有平凡中的快乐。

大学的时候，赵世炎曾经一个人穷游中国，从北京出发，带着一辆自行车，一个装有简单生活用品的背包就出发了。他靠着一路上打零工维持生活，有时候渴了就向路边的人家讨水喝，实在没钱了，就赶到城市里的地铁站打地铺。

有一次，他还碰到几个来中国旅游的老外，凭着四级都没过的蹩脚英语，他硬是和对方成了朋友，还得到了对方的“接济”。几个月后，他完成自己的全国之旅，回到学校就潜心写书，将自己的经历汇入其中，竟然在网上得到一致好评。

有读者问他，“你每天都过得这么妙趣横生吗?”他挠挠头说：“妙不妙我不知道，反正每天都很有趣。”

生活需要热情，就像人类需要阳光一样。热情是一种执著，更是一种乐观，有了它，人们才有了原动力，才会一步一步往上爬。心态决定命运，有的人面对挫折怨天尤人、生活低迷；而有的人却靠着一腔热情，以及对生活的热爱，攀上了辉煌的高峰。

一位网友在网上留言：我今年才24岁，却对生活失去了信心，觉得活得特别没意思，工作不积极，懒得运动，有时候连饭都懒得吃，总之就是觉得生活很没意思。

几乎我们每个人都经历过这样的状况，因为一些不顺心的事，导致对生活失去热情，干什么都提不起干劲儿，每天空洞麻木地活着，如同行尸走肉一般。

这样的生活方式是无趣的，缺乏热情的生活态度，生活往往也会变得一团糟。美国著名饭店业巨头希尔顿说过：只有对生活充满热情，它才会以同样的热情回报你。热情，是一种力量，可以予以利用，使我们获得好处。

事实上，保持一颗热情的心，以更加乐观积极的态度去面对我们的生活，不单单能让我们活得更快乐，还对我们的事业发展大有帮助。正如爱伯特·呼巴德说的那样："没有一件伟大的事，不是由热心促成的。"除了快乐，热情还会给我们带来成功。

在美国西雅图，有一家卖鱼的小店铺名叫派克。这家店铺很小，只有30平方米不到，卖的鱼也很常见，每公斤平均售价仅几美元。然而，这家店铺却实现了在10年里，将利润跃升10多倍的经营奇迹。而且，还时常有世界500强企业的CEO前来调研学习。

店铺的主人叫约翰，当年，他还是个年轻小伙的时候，从他父亲手里接过这间店铺，那个时候他就立下一个誓言：不仅要实现赢利，还要让自己的铺子出名。

他先是改变了店铺的视觉效果，重新装潢了一番，让店铺看上去更简洁明亮，又将工作围裙改为明艳的大红色，并要求营业员改掉以前闷不做声的呆板印象，要热情奔放。

约翰发明了“呼叫”销售法，让员工一边包装称好的鱼，一边呼叫：

“这条大鲑鱼要跟这位漂亮太太回家去啦！”

“这 6 只大螃蟹要装进这位先生袋子里啦！”

……

喊声此起彼伏，路过的人感到很奇怪，就跑进去看，然后，看着看着，大家觉得这家店挺有意思的，也就顺手买鱼了。就是这种简单的销售方式，延续了 15 年之久，为这家鱼铺带来了不计其数的顾客。人们都说，“来这儿买鱼，心情也好起来了”。

在管理学上有这样一个理论：组织里存在“2：6：2 原则”，先天富有热情的人与先天性格冷清的人各占十分之二，而十分之六的人居中间地带，他们可能被感染成前者，也可能被感染成后者，而企业凝聚力与竞争力，就在这一前一后间拉开天壤之别。

希尔顿总结自己的成功秘诀：成功的人生结出的真正果实，并不是物质的东西，而是一种满足感，一种愉悦的情绪。比尔·盖茨说：“每天早晨醒来，一想到所从事的工作和所开发的技术将给人类生活带来巨大的影响和变化，我就会无比兴奋和激动。”

那些取得不凡成就的人，大多都有一颗热情的心，无论是对待工作还是生活，他们总是斗志昂扬，激情四射。可见，热情是敬业的原动力，热情是点燃卓越的熊熊烈火。如果用100%的热情去做1%的事情，我们就一定可以在职业生涯中完美地起飞。

对生活失去热情的人，于他自己而言，没有快乐可言，对旁人而言，他也是无趣的，没有交往价值和托付价值的。在职场中，面对这种毫无激情的员工，用人者们通常会感到失望和不喜，自然，这些人也就失去了得到赏识的机会，只能在麻木中沉沦。

因为热情，所以对每一件事都抱有好奇心，勇于去探索；因为热情，所以时刻都充满了斗志，很少去抱怨，很少自怨自艾；因为热情，面对困难敢于迎难而上，对自己充满信心。无论从哪个角度看，热情之人，都是工作上的能手，生活中的快乐天使。

2. 勇于接受新鲜事物，会增加人的幸福感

起床、上班、下班、睡觉、起床……固定模式的生活，日复一日，年复一年地循环，仿佛我们处在一个迷宫之中，无论怎么走，看到的景色都一样。生活中，我们经常听到这样的抱怨：这日子没法儿过了，一点意思也没有，枯燥乏味，这样的婚姻不要也罢，没什么意思，活着也是无聊。

很多时候，一成不变的生活，是我们最大的敌人。经年累月毫无变化的生活，会让夫妻间的感情变淡；每天准时的“朝九晚五”，会让我们对工作失去兴趣；一辈子的波澜不惊，会让我们

对自己的人生产生怀疑，“我活着到底是为了什么”……

诺艾儿·汉考克，是《美国周刊》娱乐版博客创始人和多家媒体的八卦专栏写手。她的工作相当轻松，只需采访一下当红明星，敲敲键盘，就有六位数的年收入，还有一个英俊专情的男朋友等着和她结婚，她的生活简直像童话般完美。但是，诺艾儿本人却感觉到有些无聊，这样毫无新意的生活，让她感到心慌。

直到在她 29 岁生日那天，一纸裁员通知递到了她的手上，当时，她正和男友在小岛上度假。收到消息，她整个人都懵了，心中不住地叫道：怎么办？我什么都不会，除了写点儿文字性的东西，我还能干什么？一时间，她觉得自己是世界上最不幸的人。

等她意识到木已成舟，担心无用时，又暗暗兴奋起来：这不是我的机会么，以前一直觉得生活太无趣，没有激情，现在好了，我有机会重新选择，重新开始了。想到这里，诺艾儿决定一改自己之前三十年的生活模式，去尝试一些之前没接触过的事。

曾经的诺艾儿，吃饭永远只吃一种口味的套餐，喝饮料永远只喝一种口味的奶茶，穿衣服只穿名牌，但这一次她决定换着花样儿来。她尝试了以前没有尝试过的零食，去了以前从不考虑的城市旅游，还跟男友前往中国，体验了一把中国大排档的风情。尤其是还她参加了一次“铁笼观鲨”，就是站在一个大铁笼里，潜下水和鲨鱼近距离接触。放在以前，这些事在她眼中都是低级趣味的人才会做的事。但是现在，经过自己的亲自体验，她仿佛重新认识了世界。原来，世界上还有这么多东西是有趣的。

一年后，一本名为《不要和鲨鱼接吻，但要和勇敢一起睡觉》的书出版了，诺艾儿·汉考克这个名字也成了千万美国人口中的常客，她的人生迎来了新的精彩。

缺少新鲜事物的刺激，我们的生活就会变成一潭死水，进而滋长出令人厌恶的东西。反之，勇于接受新鲜事物，我们的世界就会多一些新的东西，我们的眼界将会得到拓宽。当我们顺利接受了新事物，并将之征服的时候，心底还会产生一种精神上的满足感。这种感觉就是幸福的感觉，是单纯的物质追求所不能给予的，也是我们真正需要的。

不断接触新鲜事物，有一个最大的好处：让我们的人生变得有层次感和新鲜感，丰富的经历会增强我们人生的宽度与广度。如果永远只吃一种口味的食物，穿一种款式的衣服，只与一种性格的人打交道，我们的人生就会被定型，被束缚在一个很小的“圈子”里而无法见识到世界真正的面貌。死板的生活，带给人的永远只有死气沉沉的东西。

当然，新鲜的事物往往是我们不了解的东西，其中有好的也有不好的，甚至有的对我们而言，是存在负面影响的东西。若是贸然接触它们，难免会给我们带来麻烦。

你可能并不知道大脑为了保护我们到底负荷多少。通常情况下，为了保护我们自己，大脑会不顾一切地阻止我们做一些有风险或让我们感到不安的事。比如，不喜欢在公众场合讲话，大脑就会不由自主地驱使我们远离这种可能，尽量避免我们暴露在公众舞台上。

可以确定的是，只要我们敢于去尝试，总能有所结果，如果恰好是我们能够接受并且征服的，那么不但我们的大脑会得到放松，还会使我们生出成就感。

有些事情，不去试一试，我们又怎会知道，它会不会是我们的“真命天子”呢，就像曾经有人问英国戏剧大师萧伯纳一样：“为什么你讲话总是那么有吸引力？”萧伯纳答道：“试出来的，就像学滑冰一样，开始时也是笨头笨脑的，像个大傻瓜，后来试得次数多了，就熟练了。”正是因为萧伯纳勇于尝试，他成了20世纪最杰出的讲演人之一。

我们总是习惯在抱怨声里重复着昨日的生活，大喊人生无聊，却没有用行动去对自己糟糕的现状做一些改变。如果真不喜欢现有的工作，就换一份新的好了；如果觉得现有的婚姻沉闷，就花点心思制造一些小浪漫；如果生活得没有意义，就请你赋予它意义。

主动起来，勇敢地去接受一些新事物，世界和眼界将因此变得不同。

3. 容易满足，生活处处都是小幸福

我们每个人都在追求幸福，或不分昼夜地工作，或与家人相伴，或与爱人相守……一部分人追求到了自己想要的幸福，而更多的人则是茫然地追问：幸福在哪里？

高鹏宇是农村孩子，但他勤奋好学，凭借自己的努力，不但

考进了名牌大学，毕业之后更是在北京拼下了一份基业。一个月前，他和恋爱了三年的女友步入婚姻的殿堂。按理说，现在正是他春风得意的时候。然而，高鹏宇却觉得日子十分难熬。

原来，为了能顺利结婚，应女友父母要求，他在北六环贷款买了一套房子，同时又分期付款买了一台轿车，如此一来，他每个月光还贷款就要付出将近一万的费用，而他的工资也只有一万五不到，加上女友的工资，每个月剩余也就不到一万，再加上女友的开销很大，自己也有朋友、同事需要应酬。仔细算下来，他发现自己根本周转不过来。

刚结婚一个月，他就有些吃不消了，不得不加大工作量，每天加班到凌晨，以期多挣一点儿。但妻子又恼怒他不陪伴自己，苦恼之下，高鹏宇不得不借酒浇愁。

2016 年 8 月，在中国首届国际积极心理学大会上，一份调查研究结果显示：在 6. 9 万个参与者中，有 90% 的人感到孤独，觉得自己过得并不幸福，有 46. 9% 的受访者对生活满意度不太高，还有 19. 1% 的人甚至表示，对生活感到非常不满意。是因为他们太穷吗？事实相反，他们当中的大多数人，都是白领乃至白领阶层以上的高收入群体。

当下，我国社会似乎进入了一个奇怪的状态：人们的收入越来越高了，生活水平也越来越好了，但人们的幸福感却越来越薄弱了。一位接受记者采访的女士说，“快乐、幸福好像离我们越来越远了，以前跟男友一起吃酸辣粉都会感到高兴，但现在就是请我吃阿根达斯和满汉全席，我还是觉得不痛快。”物质条件的增长，并未给人带来幸福感。

对此，人们不禁疑惑：幸福，到底在哪里？其实，幸福就在我们身边。正如天音合唱组在《幸福在哪里》中所唱到的那样：幸福在哪里，朋友我告诉你，它不在柳荫下也不在温室里，它在辛勤的工作中，它在艰苦的劳动里，幸福就在你晶莹的汗水里。

日本文学巨匠村上春树在散文集《兰格汉斯岛的午后》中的名篇《小确幸》里提出了“小确幸”的概念，意思是微小而确实的幸福。比如，小时候一块钱的零花钱、一本漫画书、一个新奇的小玩具、父母的一句表扬……这些微小，但能使我们感到快乐的东西，就是“小确幸”，自然也是幸福。村上春树说：没有这种“小确幸”，人生不过是干涸的荒漠。

微小的幸福也是幸福，所以儿时的我们总是更容易感动，更容易触碰到幸福，这就是为什么有那么多人都怀念自己的“小时候”。可随着我们的长大，我们的欲望也跟着变大了，烦心事也多了起来，我们被这些俗事缠身，快乐越走越远，幸福也越来越遥远了。

幸福往往就蕴藏在生活中最平凡的细节里，越懂得去发现这些幸福，就越容易成为幸福的人，越接近幸福的本质，越接近生活的本质。而要想发现它们，我们需要懂得知足。只有懂得知足，我们才会放缓追逐的脚步，留心身边之事、物、人。是故，“知足者常乐也”。不懂知足，人就会显得忙碌，一个忙碌之人是发现不了幸福的。

简简单单的生活中，有酸、有甜、有苦、也有辣。每一个生命都有自己的人生轨迹要遵循，也有自己的故事去品味。不管物质生活是否富裕，只要心里满足，生活中处处都是幸福的味道。就像与爱人相伴，哪怕吃粗茶淡饭，住简陋平房，心里也是美的。

不懂得知足，过于追求物质或自己未曾得到的东西，想要把世上一切美好的东西都收入囊中，这样的人必然是痛苦的，哪怕坐拥金山银山，他们也不会幸福。因为他们有“求而不得”的痛苦，想要的东西得不到，心里又不知足，这样的人又怎会幸福呢？

现代社会的快节奏生活，让我们时时刻刻都处在忙碌的状态中，忙着赶公交、忙着改方案、忙着应酬、忙着加班……这种忙碌的生活导致我们很多人身心俱疲，恨不得能闭起眼睛啥也不想，啥也不做，又哪里能注意到这些细微的美好。事实上，越是忙碌的时候，我们才越应该放缓脚步，收敛心中欲望，去体会身边微小的幸福，进而感受生活的美好。

心怀感恩、珍惜人生，适当收敛我们过于贪婪的欲望，做一个知足的人，让自己慢一点儿，细心一点儿，让那些美好的、微小的幸福不断发酵。有时候放慢脚步，愿意花更多时间在一件小事上，其实是用一杯茶的时间，感受一种生活的哲学，这样才能像村上春树所说的那样，遇见我们的“小确幸”。世界如此美好，只要我们用心去体会，就会有一大堆幸福等着我们去发现。“小确幸”犹如散落的小花，让我们的世界拥有烂漫春光。

4. 性格豁达一点，活得洒脱快乐

什么是豁达？豁达就是心胸开阔，性格开朗，能容人容事。它是一种博大的胸怀、洒脱的态度，更是人生中最高的境界之一。简单来说，就是什么事情都看得开。

豁达，是最令人欣羡的性格。豁达者未必富贵，但一定洒脱快乐。我们很多人之所以不如意、不顺畅、不快活，除了来自外部环境的压力外，还来自于个人内在的心理。因为想不通一些事，放不下一些物和情，看不开一些“不顺”和“逆境”，心里就会产生自我怀疑和失望沮丧，乃至绝望的情绪，此乃不豁达者，心绪不宁，自然不快乐。

孙应杰失恋了，接受不了这种打击的他开始纠缠前女友。到公司等她下班，当着很多人的面儿送花，大声说着两人交往的细节。当前女友明确告诉他，不要再纠缠的时候，他更是恼羞成怒，发侮辱性的短信……

孙应杰这么做，是因为看不开，失恋的痛苦在他心中发酵，以至于做出了出格的行为。

沉溺于过去，拿得起，却放不下，不但会让自己痛苦，让自己始终停留在痛苦的阴影中无法脱身，还会让人看不起。就像鲁迅先生笔下的祥林嫂，她的悲惨遭遇固然值得同情，人们也愿意安慰她、帮助她，但若是她一直将“那些事儿”挂在口中，人们听得多了，自然也就厌烦了，心中就会有不满的情绪，进而抱以冷漠、嘲讽、愤怒的姿态对待。

没有人喜欢和总是沉浸在“苦海”的人交朋友，因为令一个人感到难过、悲伤、痛苦的事情，大多对其他人也同样有效，与之相处过密，难免会让自己也受到影响。因此，从这个角度来看，乐观豁达更是一种令我们变得“迷人”，让别人愿意喜欢甚至向往与我们交往的力量。同样，我们常与乐观豁达的人相处，自己也会变得豁达、快乐。

豁达是一种大度和宽容。当有人当众侮辱了你，你不会记恨他；身边的人做错了事，你不会喋喋不休地抱怨；当有人揭了你的短，你不会报复……宽容别人，其实也是对自己的一种解脱。“冤冤相报何时了”，让自己陷于“钩心斗角”、“打击报复”等“仇恨”中，表面上是快意恩仇，实际上却是在为难自己。与人锱铢必较者，必然劳心劳力。

说到“豁达”，在这里我们就不得不提一下北宋著名的文学家苏轼了。可以说，豁达在这位文豪身上体现得淋漓尽致。较之于王羲之天然无琢的放达，苏轼的豁达经历了无数人生风雨的洗练，显得弥足珍贵，更加值得我们学习。

苏轼当年被贬黄州的时候，曾写下著名的《猪肉颂》：“黄州好猪肉，价钱等粪土。富者不肯吃，贫者不解煮。慢著火，少著水，火候足时它自美。每日起来打一碗，饱得自家君莫管。”字里行间，尽显苏轼乐观豁达的性格、气质。后来，他又任杭州太守，修苏堤，兴水利，深受百姓爱戴。而这“东坡肉”也跟着沾光，直至成为中国美食一绝。

还有一次，有人针对苏轼办了一场文字狱，苏轼因此成了阶下囚，这便是史上著名的“乌台诗案”。得知自己因诗获罪，在被押解回京的途中，他起先是害怕的，在经过扬州和太湖时曾两度跳水自杀。但他很快就想通了：即使在狱中，这日子该过还得过。

于是他每天吃完就睡，睡完就吃，心情好了就吟诗作词，吟风弄月，十分悠闲。他的言行被一位小太监尽收眼底，这位小太监就向皇帝禀报：“皇上，您派我监视他，我看他每天过得逍遥快活，面上没有丝毫沮丧，可见他心底是没有鬼的，是被诬陷的。”就这样，皇帝又放了他。因为自己的豁达，竟使他逃过一场生死之劫。

历经波折之后的豁然旷达，更能彰显出人性伟大。亦如一帆风顺之人的成功，远不及命途多舛者在有得之后留给世人的财富多。只有在经历了人生苦难之后，仍然能做到乐观豁达，积极向上，这样的气度和心胸才更有说服力，更能帮助我们走向成功。

面对过去的失误和错误，不过分钻牛角尖，也不执著于面子，更不过分看重名与利的得失，不为一点小事就火冒三丈，不因为揪着小事不放而错过大好机会……。

将一切负面情绪收拾干净，保持明净、纯粹、轻快、积极向上的心情轻装出发，我们才能及时地改正自己的错误，并迅速踏上新的征程。这样的人，一定是快乐，更是前途光明的。

佛言：放下，自在。海纳百川，有容乃大。做人要乐观豁达，人生才会精彩。遇事拿得起，放得下，想得开，过得去。常言道，“心态决定命运”，乐观豁达的心态，更能让人交好运，少一点儿扭扭捏捏，多一分豪爽大度，我们才能驾驭好自己的人生。

5. 无论性格内向还是外向，都应学会独处

雏鸟长大了就会离巢，幼虎成年了也会离开自己的母亲。我们人也一样，不管父母如何爱护、宠爱我们，每个人都有独立的一天，这是人类共同的人生课题。

当代著名哲学家周国平老师曾经说过：“世上没有一个人能够忍受绝对的孤独。但是，绝对不能忍受孤独的人却是一个灵魂空虚的人。”虽然，人是社会性动物，有融入集体的本能和渴望，但一个无法独处的人是不成熟的，不曾一个人独处，就很难学会真正的坚强，很容易养成“事事依靠他人”的懦弱脾性。而且，不能独处之人也无法清晰地认识自己。

有那么一阵子，姜瑞秋特别不能忍受一个人独处。当时，她刚刚创业失败，接连两个月都待在自己的小出租房里休整，有一个女孩跟她合租。她还记得，那个时候，每次只要她一个人在家，她就会感到焦躁，会情不自禁地拿起手机，问对方什么时候回家。

再不然，就是通过做大扫除，或其他的一些什么事来麻痹自己，消除不安。有时候实在受不了了，她就会强迫自己离开那个空间，再次拿起电话打给其他朋友……

如今，很多人沉浸在发达的网络里，在虚拟平台结交数以百计的“陌生人”，以各种机缘巧合的方式进行着不同形式的聊天、阅读、看视频。晚上，人们在觥筹交错中联络感情，自以为“感情深”才会约会、吃饭、群聊。难得的休息日里，人们喜欢在网上与不同的人打游戏或聊天。这样的日子，人们会觉得很忙很充实。

在这样的爆炸式信息和快节奏的时代，衍生出了无数“快餐式”的性关系或婚姻，大家都觉得这样很好，生活很精彩。殊不知，这正是我们不会独处的具体表现。比如，一旦离开了网络和游戏，有很多人就会无精打采，对生活失去热情，做什么也提不起兴趣。在他们眼中，与自己“交心”的人没有了，整个世界只剩下自己一人，不知道该如何是好。

所以有人说，人之所以痴迷于虚幻，就是因为他们不懂得与自己独处。不会独处，所以格外害怕孤单，害怕身边的人不懂自己，害怕找不到说心里话的人，进而导致他们在虚幻世界寻找“真实”。不懂独处的人，他们常感到空虚、无聊、孤独和失落。

从这个角度看，学会独处对我们而言是极其重要的。只要学会独处，失恋的人就不会对过去的、失败的感情苦苦纠缠，让自己陷于痛苦当中；只要学会独处，离家的游子也不会过度思念家人，造成学业、事业的不顺。学会独处，能让我们进一步成长。

独处让文学家、设计师更有灵感，让创业者、追梦者更加坚强自信。可以说，独处者并不一定都是成功的、伟大的，但是，那些成功、伟大的人们，大多都是能独处的。一个能独处的人，其心灵几乎可以预见是强大的。正如法国数学家、文学奖布莱斯·帕斯卡尔所说，“几乎我们所有的痛苦，都是来自我们不善于在房间里独处。”那么，具体来说我们要如何学会独处呢?

要学会独处，就意味着我们必须一个人吃饭，一个人睡觉，一个人娱乐……，一个人做很多两个人，甚至更多人才能做的事，这对我们既是挑战，又是一次磨炼。

但是，这并不意味着我们就要与外界切断一切联系。事实上，想要学会独处，我们反而要加强自己与外界的联系，寻找一切可以与外界交流的机会。这可以让我们与世界始终处在一种“连接状态”，只有这样，才能抚平躁动的心，心静，才能独处。

其次，我们一定要学会取悦自己，或是做一件自己感兴趣的事，或是刻意培养自己的一项特长……。人一旦有事做，心灵就会得到充实，时间上就会变得不充实，身体就会变得疲惫。这样一来，心灵有了关注点，我们就不会去瞎想，也没力气瞎想了。

最后，我们要学会欣赏自己，夸奖自己。基本上，绝大多数孤独恐惧者，之所以害怕一个人相处，都是出于不自信，不相信自己一个人也能活得很好，也能把事情做得漂亮，所以一旦离开了亲人、恋人和朋友，就会焦虑不安。因此，只要我们经常夸赞自己，从内心里相信自己，相信自己一定能行，有了足够的自信，我们就不会再惧怕独处了。

有人说，一个人独处最典型的方式，就是“一个人旅行”，还有“写日记”。旅行就像是一种灵魂的远行，一个人的旅行让我们在最自然的情境下“正视自己”，堪称“独处”的最好修炼。

归根到底是要正视、审视我们自己，更清楚明白和坦率地接纳自己。只要做到了这一点，我们就能做到“一个人时从容不迫，与人相处有礼有节”。

最后，只要学会独处，我们就能体会到“从内而外”的快乐与自信。同时，学会经营我们的亲密关系，我们就会爱人，就有能力给身边的人带去幸福。因此，无论我们是外向还是内向型性格，都要学会独处。

6. 从欣赏的角度看人观事，全世界都会变美

法国雕塑艺术家罗丹说：“世界上并不缺少美，而是缺少发现美的眼睛。”苏小妹说，“心中有佛，看人即佛；心中有屎，看人即屎。”一个人若是有趣，在他眼里，生活中到处都是好玩的事。同样的道理，若我们用欣赏的眼光，从欣赏的角度看世界，世界就会更美丽。有一位作家去餐馆用餐，老板很高兴地说：“先生，真是太感谢您了。”作家很诧异，摇头道：“我好像……没见过您，这感谢的话从何说起?”老板神秘一笑，拿出一张20年前的旧报纸，上面有这位作家在一家报社当记者时写的一篇关于小偷的报道：小偷手法高超，作案多次，次次得手，最后栽在一个反扒高手的手上。文末评论道：“像心思如此细密、手法如此灵巧的小偷，做任何一件事情都会有成就的吧。”老板告诉作家：“我就是那个小偷，您的这段话引导我走上了正路。”这位作

家，正是台湾著名大家，林清玄。

生活赐予我们美好，同时又给予我们不顺心的一面。我们可能因为工资不高而沮丧，因为婚姻问题而煞费苦心，又或者因为重复单一的生活，对未来失去信心。

但是，美好与不顺，两者本无绝对的区别，只要我们尝试用多角度去看待问题，那些不顺的东西，也可能变得美好。

人生之路起起伏伏，生活中，遭遇一点挫折，本是在所难免，世间常态，万万不可因此而妄自菲薄，怨天尤人，真英雄敢于用欣赏的眼光看世界，去发现美。

1852 年秋天，俄国著名作家屠格涅夫，在打猎的时候，无意间捡到了一本皱巴巴的《现代人》杂志。他随手翻开几页，发现上面有一篇名为《童年》的小说。作者是一个初出茅庐的无名小辈，但屠格涅夫却十分欣赏这篇文章的文风，很看好这名小辈。

屠格涅夫四处打听这位作者的住处，最后得知，这位作者由姑母一手抚养长大。于是他找到这位姑母，表达了他对作者的欣赏与肯定。姑母很快就写信告诉自己的侄儿："你的第一篇小说在瓦列里扬引起了很大的轰动，大名鼎鼎、写《猎人笔记》的作家屠格涅夫逢人便称赞你。他说：'这位青年人如果能继续写下去，他的前途一定不可限量。'"

收到姑母的信后，这位年轻的作者惊喜若狂。本来，他写这篇文章只是因为生活苦闷不堪，信笔涂鸦以打发心中寂寥的，但现在受到名家屠格涅夫的欣赏，一下子点燃了他心中的火焰，找回了自信和自己的人生价值。从这之后，年轻作者一发不可收拾地写了下去，最终成为具有世界声誉和世界意义的艺术家和思想家，他就是列夫·托尔斯泰。

欣赏与被欣赏是一种互动的力量之源，欣赏者往往具有愉悦之心、仁爱之怀、成人之美的善心；被欣赏者必产生自尊之心、奋进之力、向上之志。因此，学会欣赏应该是一种做人的美德。

其实我们很多人都是天生的评论家，觉得一件事或一个人不好，能找出一千个缺点；同样，如果觉得一件事或一个人好，他们也能找出一千个优点。同样的人或事，仅仅因为视角不同，就会得出完全不同的结论。

当我们用挑剔的眼光看世界时，映入眼帘的必定是一片灰暗；当我们用欣赏的眼光看世界时，眼中就有了无限精彩。我们尊重别人，别人也就尊重我们；我们欣赏别人，别人也就欣赏我们；我们帮助别人，也就是帮助自己，与人方便其实就是给自己方便。古语云："你敬我一尺，我敬你一丈"，"汝爱人，人恒爱之"，说的其实也是这个道理。

我常听一些朋友抱怨，说去某地旅游，之前看介绍非常诱人，但玩过后却不尽如人意，令人失望，这便是典型的用挑剔的眼光看世界了。景区介绍之所以好，是放大了景区的优点；游客之所以失望，是放大了景区的弱点。景还是那个景，只是人的心态有别。

正如罗莎琳·德卡斯奥所说的那样，"内心溢满快乐的人，在他们眼中所有的过程都是快乐的。"其实，生活中处处充满着惊喜，只要我们善于去发现，到处都是乐趣。

如果缺少发现美的眼睛，总是觉得生活无趣，那么即使到了佛罗里达的棕榈海滩上，生活也不会从此变得有趣；走遍了胡夫金字塔和马尔代夫等著名旅游胜地，日子也不见得更美好。反之，若我们学会用欣赏的眼光看世界，平凡的日子也能变得妙趣横生。

学会从欣赏的角度看世界吧，欣赏别人，欣赏一切，这样我们就会变得乐观积极，与同事关系更亲，与朋友心灵更加接近，同时也更能发现身边的美好，世间的妙趣。欣赏是一种学习态度，也是一种风格。懂得欣赏，我们就会在欣赏别人的时候获得快乐与智慧。扔掉嫉妒，抛掉仇恨，让生活过得轻松一些，世界才会更加和谐美满。

7. 有一种幸福叫感恩

是否能经常觉察别人的好意、心中是否长存感激、是否常向别人表示谢意……这是我们性格品质的一部分，可以是与生俱来，也可以是后天培养。从这个角度来说，“感恩”不仅仅只是一种美德，一种人生态度，更是一种美好的性格和品质。

具有这种性格的人，常常心怀感激，以感恩之心对待一切人、事、物，他们较之其他性格的人，往往更容易感受到爱的滋味，他们的人生也必定更加幸福。

泰国有一则公益广告《妈妈》，是根据真实案例改编的：

一个女孩儿跟妈妈吵了一架，离家出走了。她在外面闲逛了一整天，肚子饿得咕噜咕噜叫，但身上一分钱都没有，她又拉不下脸回家吃饭。一直到了晚上，她来到一家卖面的小摊旁，闻到了阵阵香味，双腿就再也迈不开了，一个劲儿地吞口水。

面摊老板发现了她的异状，就亲切地问她："小姑娘，饿了吧，吃碗面吧？"她不好意思地回答："我没带钱。"老板听了大笑："没关系，今天就算我请客。"

女孩简直不敢相信自己的耳朵，兴高采烈地坐下来。不一会儿，面来了，她吃得津津有味，并说："老板，你人真好！"

老板说："哦？怎么说？"

女孩回答："我们素不相识，你却对我那么好，我会永远记住您的。"

老板又笑了，摇头道："小姑娘，我不过才给你一碗面而已，你妈妈为你煮了二十几年的饭，不是更应该感激她吗？我认得你，卡拉家的女儿，你妈妈早就跟我们打过招呼，说你粗心大意，时常忘记带钱，如果遇到了就让我们先给你吃的，她来付账。"听老板这么一讲，女孩大梦初醒，眼泪瞬间就夺眶而出了。

泰国的事，是真是假我们难以分辨，但这里面蕴含的"母爱"以及对母亲的感恩，却是毋庸置疑的。在现实生活中，我们有的人，常常忽视了自己已有的，认为那是他们本应该得到的，对自己没有的又会抱怨命运的不公，仿佛这个世界欠他们很多。

这种人活着是辛苦的，他们一辈子陷于"求不得"的苦海里，感受不到身边之人对他们的爱和关怀。迎着阳光看世界，世界是光明的，背向阳光看世界，眼前尽是黑暗。人一定要感恩，拥有感恩的心，让我们用心去观察，用心去感悟，身边便处处是爱。

感恩的人更幸福，而幸福的人也更懂得感恩，两者相辅相成。美国密歇根大学的克里斯·彼得森教授和宾夕法尼亚大学的马丁·塞利格曼教授曾经设计过一些练习，比如感恩拜访，写一封信给一个你一直想感谢的人，去拜访他，或者把信当面念给他听；又比如每天做三件好事，当天晚上写下做这些事的心情。最后，参与实验者会发现，经过感恩练习之后，生活质量明显比以前有显著提高，人也更加自信了。

经济学家亚当·斯密明确地说过："正是激情与情感将社会交织在一起。"在他看来，情感比如感激之情，是使社会变得更美好、更仁慈、更安全的驱动力。

心怀感恩的人，很少会妒忌他人，能更好地应对生活压力，具有更强的抵抗力。不管任何时候，即使在困境中，他们总能让别人喜欢他们。更重要的是，正如哲学家贾斯汀·汀布莱克所说："凡事，皆有因果。"人们更愿意帮助那些过去一直感恩他们的人。

对生活怀有一颗感恩之心的人，心态是平和的，即使遇上大灾难也能坚持不放弃，即使遭遇挫折，也能得到他人的帮助，战胜挫折。而那些常常抱怨生活的人，他们总是身在福中不知福，即使遇上了福，他们也不认为那是福，无法从中体会到快乐。

生活中，我们很多人狭隘自私，不懂得感恩父母，不愿意帮助他人。抱怨父母观念太老旧，不懂得新时代的潮流，和父母沟通都是用“懒得跟你们说清楚”之类的含糊表达；对待朋友，总是期望于对方付出，抱着一副“是兄弟，你就应该帮我，这是理所当然的事，不必强调让我感恩”的姿态……这样的人，永远只能看到自己的付出，稍不如意就会觉得自己被辜负、被背叛，一直活在“计较”中，这样的人又哪里有幸福可言呢？

拥有一颗感恩之心，我们的生命才会充满温馨；常存一颗感恩之心，我们才会继续得到别人的祝福。感恩的人是幸福的，感恩的观念是智慧的，感恩的心灵是美好的。而感恩的习惯，则是做人处世的榜样。一个懂得感恩的人，一个真诚待人的人，一个有情有义的人，他的内心一定是丰盈的。

一位哲人说过：“世界上最大的悲剧和不幸，就是一个人大言不惭地说，‘没人给过我任何东西’。”现实生活中总有一些人这也看不惯，那也不如意，怨气冲天，牢骚满腹，总觉得别人欠他的，社会欠他的，这些人就好像生活在土里的蚯蚓，即使有一天能够钻出土层，也感受不到阳光的明媚，因为“它们”本身就缺少感光细胞，阳光再强也没有用。

当然，最应该感恩的就是我们的父母。他们含辛茹苦地将我们养育长大，本身就已经非常辛劳了，可随着我们的长大，很多人还会觉得他们管得宽，跟不上时代，唠叨古板……这是不应该的。

从感恩父母做起，培养我们知恩、感恩的性格，用真心去感受爱，也用真心去回馈爱我们的人，生活就会充满阳光。

8. 让你变快乐的秘诀：伸出援手帮助需要的人

密西根大学研究中心的詹姆斯·浩斯教授所做的一项研究调查发现：经常做善事、待人仁慈、有爱心，可以让一个人对生命更加有希望，而且他的心情也会更愉快、更加有活力。

俗话说：赠人玫瑰，手有余香。这个道理对我们“追寻快乐”而言，也是适用的。主动帮助别人，在别人需要援助时伸出仗义之手，别人得到了帮助，事情办成了，心里高兴，感激我们，我们得到了别人的感激，分享了对方的喜悦，自己也是高兴的。

“有去马甸、双安的吗？搭车不要钱。”很多年里，在北京昌平区回龙观公交站，总有一个人重复这一句话。他叫王永，非富贵之人，只是一名普通的车主。

多年前的一个雨天，王永开车回家，发现一个老太太没打伞在雨中行走，他打开车门邀请老太太上车，然后又贴心地把老太太送回了家。老太太的女儿对他感激不尽，那充满温情的话王永一辈子都不会忘记。自此，他有了一个想法：提供免费顺风车。

王永住在北京昌平区回龙观，上班地点在海淀区马甸，整整有 25 公里路程。他每天上班时都顺路拉几个人，不要钱。刚开始的时候，人们很不理解。免费，不要钱？这……图的什么啊？坐谁的车不给钱，人家让你坐？经过初期的质疑，慢慢地，人们发现，这位中年车主竟然真的只是在“做好事”，为大家提供热心服务。

有一次，王永车上坐了几个农民工，几个人很感谢他，他说：“你们不要谢我，我不白拉。”几个人一听，吓坏了，连忙说道：“不是说好不要钱吗？怎么又变了？呃，大兄弟，俺们忘了点东西，你把车停下，俺们回去找找。”

王永一听，乐了，笑道：“你们误会了，我说不白拉，不是想跟你们要钱。”

“那要什么？”

“你们坐我的车，快乐不？”

“快乐啊，那还用说。我还没坐过这么好的车呢。”

“那不就得了，你们快乐，我就很快乐。你看，一路上，你们和我聊天，我很快乐，这就是我想要的。”王永解释。

就这样，王永这一行为一直坚持了17年。渐渐地，有些坐过他车的人自己买了车，也开始效仿他，为那些行色匆匆的人们提供免费顺风车……

相关研究表明，在得到快乐的所有方法中，帮助别人是最容易得到快乐的。《美国心理学杂志》发表过一个大型的心理问卷调查，发现经常帮助别人的人，明显比不乐于助人的人快乐。其实不只是人，研究发现，在灵长目动物中都有一种利它的本性。

人们常说“无私奉献，舍己为人”。而在当下这个事事讲求回报的社会，这种精神尤为可贵，却也着实令人望而却步。毕竟，没有收益的事，没多少人会去做。但是帮助别人就是单方面的付出吗？并不是，在这个帮助的过程中，施以援手的人往往能得到被帮者的感激，分享他们的快乐，甚至成为对方眼中了不起的人。这种精神上的享受，就是回报。

如果凡事都讲究“不见兔子不撒鹰”，甚至在别人急需帮助时袖手旁观，冷漠以对，这样的人，未免太无情，当他自己需要帮助的时候，别人也会同样这般对他。

高建飞在公司里是出了名的“独行侠”，同事找他帮忙，他很少予以回应，就连他的小徒弟在工作上遇到问题，向他请教，他也是不耐烦地随意打发。很多时候，他都是看着身边的同事们忙得满头大汗，他却悠闲地站在一边，全无“搭把手”的意思。

有一次，他的女朋友从另一个城市坐火车来看他，让他去车站接一下行李。但他手头有一份临时文件需要处理，他就想到了自己的小徒弟。然而，当他向徒弟提出请求时，对方却以自己很忙为借口推掉了，他又找了好几个同事，大家都是冷笑着走开。

你对别人冷漠，在别人遇到问题，需要帮助时袖手旁观，别人自然也会如此对你，这就像牛顿的第三运动定律：力的作用总是相互的，你推我的同时，我也在推你。因此，收起冷漠之心，用热情的态度去帮助别人，就会收到对方同样的热情。

当然了，这种“帮助”也是要看情况，分对象的，我们不能不分场地，不分对象，不讲方法地盲目帮助。比如，若对方是犯罪分子，现在正蓄意伤人，只缺一把刀，为此四处寻找且急不可耐，如果这时候我们伸出援助之手，就是罪过了。

做好事，献爱心，不能眉毛胡子一把抓，也不能妖魔鬼怪一视同仁，更不能空搞形式主义、面子工程，而是要发自内心的，通过科学的方法，真正地去帮助对方。

《素书·本德宗道章》有云："乐莫乐于好善。"可见，无论是传统的人伦道德，还是现代的科学实验，都表明了一个现象：人世间最大的快乐，就是帮助别人。

9. 多关注自己的内心，而不是别人的评价

不在意别人的看法，注重认清自己的内心，这是一种魅力，更是一种性格。太在意别人的看法是一种不自信的表现，对自己的能力不够自信，所以希望通过外界的评价来证实自己的能力。这种通过别人的评价来定义、塑造自己的人，往往会迷失自己的前进方向，变成一个为别人而活的人，不但得不到他人的尊敬，还会失去对自我的认知。

赵素梅是一个非常在意他人看法的人，比如她发一条朋友圈，只要下面有人跟她意见不一样，她都会紧张地撤掉。闺蜜常常劝她不要这样敏感，坚持做自己就好，一个朋友圈而已，又不是搞文字狱，何必那么在意，但她就是做不到泰然自若。

有一次，她刚看完一场电影，影片中一个渣男的角色，令她十分之愤慨，激动之下她就在朋友圈发了一句感慨：看这种电影简直就是自找不痛快，浪费票钱。然后后边儿还跟了一排愤怒的表情。没过多久，下面就有人评论：哟，美女这么玻璃心啊，要不得哦，以后会找不到男朋友的。赵素梅一看，心里不安起来，连忙删掉了这句感慨。

闺蜜感到不解，说："为什么删啊，这人你都不熟，怕什么，让他说去呗，看个电影还不让发表感慨啊。"哪知，赵素梅摇头道："不是你想的这么简单呢，你想想看，既然他会有这个想法，保不齐别人也会有这种想法，我不想大家说我'矫情''公主病'。"

见她一边自己给自己找借口，一边苦思冥想，思考应该怎么说才不会"太显眼"，闺蜜感到好笑，恨铁不成钢地道："做人做成你这样儿，真是没有一点乐趣。"

"我说这话会不会显得自己太矫情了？"

"他是不是不喜欢我啊？"

"他刚才的眼神、动作是不是在鄙视我？"

"他是不是希望我们的谈话赶快结束？"

……

在我们身边，有如此性格的人不在少数。他们对自己太不自信，什么事都要考虑别人的看法和感受，生怕自己有哪一点做得不好，不符合"大众审美"。对他们而言，不被别人"认可"就是这世上最可怕的事，通常旁人一句轻飘飘的否定，就能让他们胆战心惊一天，甚至更长的时间。一个活在别人评价里的人，他眼中只有别人，没有自己。

这是可悲的。人生在世，你不可能做到让每一个人都满意，也没必要去取悦所有人。别人说你好，你未必就真好，别人说你不好，你未必就真的不好。

不被别人的评价所累，是独立、成熟的表现，也是勇敢、智慧的体现。做自己该做的事，活自己梦想的人生，追求自己想要的幸福，这样的人生才会有快乐。如果连发个电影观后感都要小心翼翼，又有何乐趣可言呢。

当然，不依赖别人的评价，不等于不听取别人提出的正确建议，而是要求我们有自己的见解和想法，有自己的立场。比如，有“干货”的评价，可以让我们发现自身的不足，加以改善，从而完善自己。但如果只是无脑的指责，那就不用在意了，听从这些毫无营养的建议，不但不能使我们变得更好，反而会阻碍我们的进步。

徐世权在高中的时候是一个调皮捣蛋的学生，无心读书，最大的愿望就是毕业了进入社会当混混儿，既威风又自在。为此，他的父母是操碎了心，然而，收效甚微。

因为某些原因，他后来自己想通了，想要好好学习了，可是距离高考时间只剩不到一年了。他毅然决定，断绝以前的“江湖来往”，很多人嘲笑他：“几年不认真学的人，想靠最后一年努力，根本不现实。”面对这些不怀好意的嘲笑，徐世权不为所动，只是拼命学习。终于，他的努力有了效果，加上考场上超常发挥，他竟考上了一所还不错的大学，让父母喜极而泣。

仔细观察我们身边那些不太在意他人看法的人，除了少部分是属于自恋者，剩下的那大部分人，几乎都是自信并且有自己坚定信念的人。他们做起事来，通常干劲儿十足，大有不达目的誓不罢休的气势。事实上，往往也正是这些人更容易获得成功。

相信自己，不为他人评价所累，坚持活出自己，是大多数成功者共有的性格特征。一个人若想改变自己太在意别人看法的习惯，变得有主见，需要做到以下几点。

首先，要改变自己的认知，“我是我，别人是别人，别人没时间特别关注我，我也没时间关注别人，别人不需要我负责，我也不需要对别人负责，我有太多事要做，别人没有自己重要，不能让人控制自己。”有了这样的认知，我们就会更多地关注自己。

其次，在情绪表达上要敢于自由宣泄，与别人交往要不卑不亢，不要把别人的评价当至理名言，有什么想法及时表达出来，敢想敢做，时间一长，就会习惯。

最后，行为上要进行一些改变，要敢于主动交往，主动帮助他人，把自己的想法用行动来表达，学会对抗，也学会道歉。这样一来，时间久了，就能建立自信。

总之，少一些对他人评价的关注，更多地去审视、关注自己，才能更加清楚地认识自己。只有认清了自己，才能做到“不为外界所动”，活出自己。

Part 10

优化性格，
发掘内在神秘潜能

1. 别太张扬，性格被社会承认才有意义

在电影《耳朵大有福》里面，范伟饰演的55岁的王抗美在一家擦鞋店里面碰到一个擦鞋不给钱的年轻人，刚上前劝解了两句，就被那个年轻人骂了，范伟说："小伙子真有性格。"是啊，蛮横无理也算是一种个性，但是这种个性却被大家唾弃。

为什么这么多"个性"的人会有"社会不适症"呢？因为社会还是和谐的，你的个性必须被社会承认才值钱。很多年轻人觉得自己有能力，妄图要求社会适应自己，那这样就不可避免地会产生矛盾。因此，事事不顺、时时受阻、处处碰壁也就不奇怪了。

方宇航是一所名牌大学美术设计专业的优秀毕业生。毕业后，他一直都希望自己能够进入一个文化广告公司继续从事美术设计相关的工作。

一个月漫长的等待之后，方宇航进入了一家广告公司。上班的第一天，当经理找他谈话时，他说的第一句话便是要求"专业对口"，而且特别提醒经理要"充分注意到我的特长"。同时他反复说明只有让他到广告设计部门去工作，才能真正发挥他的优势。

可是，经理并没有因为方宇航的强调和解释而改变想法，仍然安排他到了文案策划部门去工作。为此，方宇航觉得很不开心，因为自己曾经如此要求，居然还被拒绝，觉得公司简直就是大材小用。带着这种不良情绪，方宇航进了策划部。由于逆反心理，他工作特别不积极，而且给部门经理留下了很不好的印象。没过完试用期，方宇航就被迫离职了。

越来越多的年轻人高举个性的大旗，冲进了职场。因为讨厌穿工装，女孩穿着超短裙、露背装，男孩戴着亮闪闪的耳钉，顶着一头染过的发，脚上趿拉着拖鞋。如果你对他们稍稍有些看法，他们就会义正词严地反驳：这才是真实的我，我不想伪装，那是欺骗。

面对工作更加有个性，因为迟到几分钟被罚款而和上司争执，因为上司安排的工作不合心意而直接撂挑子不干，一副“大不了走人”的姿态。如果总是孩子气地要求老板和同事都来配合你，那你永远不可能在职场有发展。

有句话说得好：如果你不能改变环境，那就学着改变自己。事实证明，那些个性过于张扬的人常常四处碰壁，而那些没有多少个性的人很大程度上却能混得风生水起。其中的道理就在于，无论你的个性多强，都不能否认人是群居动物，社会是一个公共空间，要想在其中生存，就意味着我们必须遵守其中的各种规则和条条框框的限制。

在这种情况下，你是牺牲个性把握前途，还是坚守个性绝不妥协？

白澜在一个公司工作了一段时间，发现同事之间因存在利益竞争关系而无法成为真正的朋友，上司对下属也不是那么关心，她很郁闷，向好朋友诉苦。

好朋友听她说完，没说什么，而是请她看了一个描述史前恐龙灭绝的科学纪录片。看完，她问白澜："你知道为什么那么强大的恐龙却灭绝了，而小小的变色龙却繁衍生息到现在吗？"白澜不假思索地答："因为适者生存！"好朋友说："对，是适者生存，而不是强者生存。"

白澜这才意识到自己就是职场上的那只恐龙。她收回了辞职信，不再纠结于同事能不能做朋友，不再烦恼上司为什么不够关心自己，而是专注于自己的工作，寻求各种方式提高自己的工作能力。

当我们踏入社会后，对于之前自己的个性与现实无奈的差异，必然会产生理解分歧。如果你始终保持一种强硬的态度，那么你只会因此而付出很大的代价。社会有时候就像个不倒翁，你越是想让它朝着你的方向倒，它就越会朝着相反的方向摇动。而这时候，对之前的性格做一点舍弃，不是一种妥协，而是一种成长。

如果你一出现，别人就如坐针毡，时间久了，你身边的朋友就越来越少。不要抱怨别人承受能力差，而是要反省一下自己的性格是不是太直率了？试着委婉一点，对方更容易接受。

有人问，这是不是要我们学着圆滑处世？一定程度上是的，我们要做的是适当软化性格上一些太尖锐的刺，但又不是全部拔出。因为一个人的个性一定要适应这个社会的大环境，否则就毫无意义。

只有当你学会承受一切不可逆转的事实，对那些必然的事情主动而轻松地承受，才能让自己的个性在一定范围内得到张扬，才能在面对变幻莫测的社会时“处变不惊”，才能在工作中被认可，才能在生活中如鱼得水。

2. 逆境不沉沦，顺境不懈怠

不同的人有不同的性格，世上之人无数，因而性格也就有了无数种。什么才是优良的性格？答案有很多。但无论顺境逆境，都能做到坦然面对，这样的性格一定是好的。具有这种性格的人，往往有着坚韧的毅力，宽阔的胸怀，是能成大事的人。

有着“棋圣”之称的吴清源吴老爷子，是日本棋坛的泰山北斗，曾多次登上棋坛霸主的宝座，可有一次，这位霸主竟败给了一名棋界新手——坂田。事后，吴清源极力寻找失败的原因，最终发现原因出在心态上。他说，自己参战的心态与对手是相反的。

他是为了保住名誉而战，处于被动“应战”的地位，十分担心被新人打败，面子上过不去。而坂田则刚刚出道，不像吴清源那样获得过无数嘉奖和荣誉，因此只是全身心投入，并不患得患失，结果就在这种沉着、冷静、轻松的状态下打败了吴清源。

这件事对吴清源的触动很大。从此，他开始调整自己的状态，收敛傲气，最后以一个普通棋手的姿态向坂田“挑战”，这次果真转败为胜，延续了自己的神话。

所谓逆境，可以是人际交往中的是非恩怨，也可以是不痛不痒的歧视偏见，还可以是明目张胆的陷害打击，更可以是飞来横祸，或者人为事端。总之，逆境就是日子不太好过，路不太好走。逆境具有消极影响，对有的人来说，会打击他们的自信，消磨他们的意志，摧残他们的身心，进而使他们走入迷途，更为严重的，甚至会放弃自己的生命。

人们常说，逆境出人才。那些在逆境中坦然面对，并奋力拼搏，最终走出逆境的人，大多最后都取得了惊人的成就。法国近代著名的小说家巴尔扎克也曾说过：“挫折和不幸，是天才的进身之阶，信徒的洗礼之水，能人的无价之宝，弱者的无底深渊。”

人类历史上许多有成就的人，都是经历磨难而成功的。家庭不幸的前美国总统奥巴马，一生失败过无数次，从失败中一路走来的前美国总统林肯，被出版社无数次退稿、羞辱的科幻小说家儒勒·凡尔纳……他们都是通过击败逆境而成功的。

人这一生，难免会遇到这样那样的挫折、逆境，没有谁能一辈子都顺风顺水。那些遇到点挫折就怨天尤人的家伙，是很难收获他人敬意的，其性格也称不上好。

平素见到那些成功的人，尤其是声名显赫的，多数人会生出崇敬羡慕之意，羡慕对方享有荣华富贵、权势名声。其实，人家背后也许有过诸多辛酸，并非一帆风顺，是从逆境挣扎过来的呢。过来人大都并非顺利，但他们勇于面对逆境，懂得面对逆境。

当然，仅仅只是懂得面对逆境，搏击逆境，这还不够。一个真正伟大的人，取得巨大成就的人，他们不但懂得面对逆境，更知道如何面对顺境。甚至，从某种程度上来说，懂得坦然面对顺境，比坦然面对逆境更重要。因为很多人，是在顺境中沉沦的。

付出了巨大代价，取得半壁江山建立太平天国的洪秀全，还没等江山坐稳便开始膨胀起来。尤其是在太平军进入天京（今南京）以后，以洪秀全为首的领袖人物，大兴土木，为自己建造王府豪宅，肆意挥霍钱财，坐享荣华。慢慢地，这股风潮影响了整个太平军，全军上下，无不贪图享乐，最终导致百万太平军土崩瓦解，太平天国也随之而亡了。

与之类似的，还有明末清初的闯王李自成。这位农民起义领袖，没有败给明朝全副武装的大军，却败给了自己。在攻入皇宫，夺取政权后，面对即将胜利的大好局势，他没能把持住本心，而是迷失在了权力的快感中，放任手下烧杀抢掠，最后为百姓所弃。

事实证明：当一个人高枕无忧时，就容易沉溺于顺境之中，丧失奋发向上之心。在这种时候，暂时拥有的辉煌灿烂的一切也许很快就会成为一场泡影。

顺境能带给人舒适，也能毁掉我们的人生。孟子说：“生于忧患，死于安乐”。如果不能坦然面对顺境，而是迷失其中，贪图享乐，就容易使我们精神懈怠，不思进取，缺乏忧患意识，陷入盲目乐观的危险状态，顺境对个人的发展就可能产生负面影响。

所以人们常说，胜，要不骄不躁，败，要不气不馁。始终以平常心待之，胜利了继续努力，为下一次的胜利做准备，失败了没关系，振奋精神从头再来就是。这才是成功人士真正过人的地方，而身怀这种性格的人，往往也能够乘风破浪，披荆斩棘。

总之，不管是顺境还是逆境，一个人的成才与否，关键在于，他处在两种情境中时如何作为。顺境助人成功，也使人沉沦；逆境给人磨难，消沉意志，也催人奋进。感受顺境，体验逆境，不因顺境而喜，不因逆境而悲，这样的人，才有可能笑到最后。

3. 能屈能伸，能屈才能伸，该低头时要低头

人们常说，大丈夫能屈能伸。孔子也“曰”过：“尺蠖之屈，以求伸也；龙蛇之蛰，以存身也。”宋朝的朱熹更是认为，“屈伸消长”乃是“万古不易之理”。

人在社会，不可“只伸不屈”。不懂得“屈身”，就容易碰得头破血流，而“只屈不伸”，则会被人看成是懦弱。真正有智慧的人，应当是该屈时则屈，该伸时则伸。

有着“中国营销魔术师”之称的刘克亚，出生于皖北一个贫穷的小村庄，六岁之前没有穿过袜子，中学之前没有穿过缝纫机做的衣服。他卑微地活着，无声无息。可是，小小的他坚信：出身不可以改变，但人生可以改变。

17岁，他考入中国科技大学，而后又考入美国纽约大学。在异国他乡，他更清楚地知道一个人的艰难。有一次，他的白种人化学系主任，带着天生的优越感，当着五百多名同学的面骂他“Bullshit”。当时，他听不懂这是什么意思，就问了一句“What”。

在无尽的嘲笑中，他明白了这个单词的意思，他血冲脑门，拳头捏得“咔咔”直响，恨不得当场就揍他一顿。原来，“Bullshit”这个词在英文中有特殊的一层意思，是骂人的话，类似汉语中“狗屎”的意思。被人这般侮辱，刘克亚气得快疯了。

但最终理智战胜了冲动，因为那个主任手里，控制着他的奖学金及留学资格。他想，韩信连胯下之辱都忍了，大丈夫能屈能伸，有朝一日，一定能出了这口气。

为了迅速提高英语口语水平，他寻找各种机会训练。两年后，他被美国最著名的四所商学院同时录取，最后进了凯洛格商学院。毕业后，他又被美国财富五十强之一的施贵宝公司聘为市场总监，年薪百万，第一年就为公司创造了2.5亿美元的销售额。

几年后他选择回国，为中国人摸索出了一条英语学习和营销的道路。同时，他向当年那位主任证明了：在勤奋好学的中国人面前，他那可怜的优越感不值一提。

山为刚，沉郁稳重，故能屹立千古，笑看沧海桑田。水至柔，灵活多变，故能无孔不入，利生万物而为尊。做人不可太刚直，刚者易折。为人处世、待人接物，要像铜钱那样外圆内方，灵活善变。只有这样，才能免于撞上“南墙”，继续生存下去。

执着于眼前，逞一时之气，要一时威风，却失策于长远，这样的人是很难“守得云开见月明”的，不能忍受“守”时的痛苦和耻辱，早早就放弃了的人，是看不到拨云见日的美景的。

刺猬，体型不大，牙齿不利，行动也不敏捷。但它懂得能伸能屈的道理。它身处顺境时就拱着小脑袋，凭借满身的硬刺，横冲直撞，当它遇到危险的时候，就缩回脑袋，把自己滚成一个刺球，让敌人无懈可击。所以它虽然不强大，却能畅行原野。

由此及彼，我们不难发现，要想做大事业，就得忍受常人所不能忍受的耻辱。横看古今中外的历史，“能屈能伸”者比比皆是。韩信曾受胯下之辱，德川家康做了数十年的“家里蹲”，号称“忍功了得”，拿破仑从叱咤风云的皇帝，成为被囚禁于孤岛的囚犯，仍能憋着一口气，谋划东山再起。

通往成功的道路是曲折艰难的，任何一项大事业都不是简单轻松地做做就能搞定的，绝大多数人的一生，也注定是起起伏伏，不可能一帆风顺的。如果只能“伸”，不能“屈”，势必会撞上“不破之墙”，使自己白白遭受伤害。当然，也不能只“屈”不“伸”。一味地“屈”，时间一长，退让和逃避也就成了习惯，这样的人，更加没可能成功了。

4. 性格太直易吃亏，遇事学会迂回

《孙子兵法》有这样一句话：“知迂直之计者，可以常胜。”有些事情，硬碰硬对着干是不行的，必须采用迂回的战术，从侧

面打开缺口。比如，老爸怒气冲冲地对着我们进行说教，这个时候，沉默不言容易使他认为我们不尊重他，盲目顶嘴又会使对方更加暴躁，认为我们忤逆他。怎么办？最好的办法就是以退为进，先摆正态度认个错，然后等到他火气平息下来，再跟他讲道理。

数学中，两点之间距离最短的是直线，然而，科学实验表明，将一个正方体沿着斜面切开，从同一个点到达对角线另一点，用时最短的却是一条曲线。为人处世也是如此，看似直接的交流方式，未必是拉近彼此距离、处理问题最有效的途径。有时可能恰恰相反，迂回一点更有奇效。

明朝有个叫杨庵的状元，为官后执法无情，刚直不阿，因此得罪了不少人。他还屡次直谏皇帝的过错，开罪了皇帝。果然，时间一长，在奸臣的挑唆下，皇帝对他产生了杀心。恰好有一次，杨庵再一次触怒龙颜，皇帝就趁机下令，要将他发配到关外。

杨庵知道，皇帝这次是来真的了，便道："臣之罪，罪该万死，皇上体恤微臣，只将臣发配关外，实乃感怀圣恩。只是，臣还有一个小小的请求。"皇帝就说："什么请求？""宁去关外三千里，不去云南碧鸡关。皇上有所不知，这碧鸡关蚊子四两重，跳蚤有半斤，你切莫把我发配到那里。"皇帝一听，乐了，心里想着：我恨你恨得牙痒痒，正愁不能使你痛苦，你这倒是给我提了个好建议。当下抚掌大笑："好，朕就把你发配到那里，好叫你悔过。"

于是，杨庵就被发配到了云南碧鸡关。但杨庵却很高兴。原来，他是故意这么说的，好让皇帝把他发配到这里，比起之前的几个方案，这里才是他理想中的地方。

有道是“条条大路通罗马，此路不通有别路”。当一件事情我们从正面请求，达不到预期效果时，不妨另辟蹊径。一个真正有智慧的人，自然懂得逢山开道、遇水搭桥，前有高山挡路、石头绊脚，便会想办法绕过去或动脑筋另辟其他的路。

历史上有很多著名的事件或人物，都是采用迂回战术来解决问题的，最典型的要数“围魏救赵”。战国时，魏国将领庞涓率军围攻赵国都城邯郸。赵求救于齐，齐王命田忌、孙膑率军前往营救。孙膑认为魏军主力在赵国，内部空虚，于是就带兵攻打魏国都城大梁，因而，魏军不得不从邯郸撤军，回救本国，路经桂陵要隘，遭到齐兵截击，几乎全军覆没。

迂回，就是一种拖延战术，目的是要跳出原来的处理问题的模式，找到正确的解决问题的方式，用其他方法突破现有的困境，让问题得到圆满的解决。事实上，这种“迂回战术”适用于很多领域，有人就将之用于工作中，取得了良好的成效。

王庆元是推销空调的高手，常用的推销手法就是他自创的“百转千回推销术”。比如有一次，市里新开发的住宅区里有一处别墅群，业主都是实力雄厚的企业家或暴发户。其中有一位张先生，家里还没有安装空调，王庆元知道了，就先直接找上门去了。

果不其然，对方一句“不需要”，将他挡在了门外。王庆元心中有底，回到公司开始了解张先生的信息，知道对方是学室内设计的，现在投资了一家矿山，发了财。不过，这位张先生特别喜欢自己设计家里的装修。弄明白这一点，王庆元再次找上门去。

“我今天不是来卖空调的，我听说您室内的装饰装修全是您自己设计的，我才在林园路小区买了房子，想来参观一下，顺便向您请教。”王庆元这么说着，张先生一听，竟然面带微笑，将他请进屋去。之后，两人就屋里的摆设、装修，聊了一个下午。最后，张先生听取了王庆元的建议，认为屋里还应该配置一台空调。

行军打仗，高明的指挥者会主动设计陷阱，让敌人掉入圈套；棋力高深的人下棋，也会故布疑阵，故意舍弃几个棋子，让对手顺着他的意愿走；《笑傲江湖》中，最高深的剑法“独孤九剑”就有一招讲究故意露破绽，让对手顺势而为。可见，迂回战术并不仅仅是一种营销手段，抑或克敌制胜的计策，又或者待人接物的处事方法，更是一种做人的大智慧。用“迂回”代替“硬碰硬”，不但可以使我们免于撞上“硬点子”，伤了自己，同时，也能帮助我们搞定一些不太容易完成的任务。

总之，性格平和一些，少一些棱角分明，多一些中庸务实，少一些针锋相对的凌厉，多一些“围魏救赵”、“指东打西”的迂回，往往能让我们掌握更多主动权。

5. 自卑的人如何构建自信

新东方英语创始人俞敏洪写过一篇文章《一个自卑的人如何拥有自信?》，他在里面写道：大家或许都认为自卑和自信是两个对立的概念，一个自卑的人通常没有自信，一个自信的人，又像是不会自卑。但是，其实一个人只有从自卑走向自信，才会拥有真正的自信。

可见，“自卑”和“自信”是一个相对的概念，没有绝对的自信，当然也没有绝对的自卑。现实生活中那些自卑性格的人，其实是完全有可能变得自信起来的。

中央电视台著名女主持人张越，在她上大学那会儿，也是一个十分自卑的人，整天疑神疑鬼，看谁都觉得“总有刁民想害朕”，别人无意中的一个眼神儿，她都会解读成“他是不是看不起我，是不是正在心底嘲笑我，嫌弃我胖，长得不好看，没前途?”

由于自卑，她不敢穿裙子，不敢上体育课。大学四年，她甚至差点儿毕不了业，就因为她不敢参加体育长跑测试。然而，今天的张越，早已不是曾经那个自卑的女孩了，她是中央电视台著名的主持人之一，并且完全是凭借自身才华成功的，经常跟白岩松搭档，开朗又大方。

自卑是什么？自卑就是自己看不起自己，觉得自己一无是处，什么才能也没有。从这一点来看，“自卑”本身源于比较。

简单来说，就是自卑的人先将自己和他人作比较，然后发现自己比不过对方，甚至连追赶的勇气和希望都没有，最后产生自卑心。

那么，相对地，什么是自信呢？自信就是一个人对自己有了深刻的了解，并且经历了世事变化以后，能够清楚地明白自己能否应付社会上的各种风云变幻和人生中的艰难困苦，同时也能够深切理解自己的内心，并且把能力用到恰当地方的一种人生态度。

因此，自卑和自信，本来就是可以相互转化的一个过程，自卑的人可以通过有意识地锻炼自己，磨炼自己，从而变得自信。自信的人，也有可能在遭遇到自己无法承受的挫折和失败之后，重新跌落云端，变得不自信。

俞敏洪就曾在一段时间里自卑过。那是在他刚进北大的时候，原本考上名校的兴奋不见了，取而代之的是茫然和惶恐。周围的同学不论是从学习上，还是文艺、体育上，甚至是交女朋友上，样样都比他强，这让他感受到了无穷无尽的压力，这种压力，甚至伴随着他整个大学生涯。

不管他怎么努力，学习成绩就是上不去，上课时老师用英文讲课他也听不明白，体育方面一无是处，再加上自己从小生活的环境背景，导致他跟大部分同学格格不入。

形成自卑的过程大约有两种。一种是在小时候跟成人的比较过程中，都有不如成人的深刻体验；再加上某些不太利于成长的环境，自卑的状态就可能凝固在心里。

另外一种就是每个人对自己的事情都比较了解，对别人的事情比较不了解，在自己的视野下，神秘的那一边就被不自觉放大了，容易生出“我不如他，我样样都不如他”的想法。然后一边尝试追赶，一边继续放大对方的优势，最后把自己逼到崩溃。

一个自卑的人，想要走出自卑，变得自信，其实是不太容易的，因为他首先要克服的就是自己的“心关”，而这恰恰是最难的。但只要我们敢下决心，有勇气去改变自己，那么舍弃自卑，让自己变得自信也是完全有可能的，具体来说，有以下几个步骤：

首先，解放我们的思想，有“我不跟你们比了”的念头

有比较就会有差距，要么我们比别人强，要么别人比我们强，只要有比较之心，自卑感就在所难免。毕竟人外有人，天外有天，总有比我们更强、更优秀的存在。

有句老话说得好：缺什么就爱吆喝什么。穷人往往爱谈钱，丑人天天秀美颜，矮子死盯人长短……说白了，都是自找的。自卑的人，表达观点时无法沉着与坦然。其实我们没必要和人比高低，每个人都有自己的优势和不足。一旦舍弃“比较之心”，我们的心就会变得平静，也更能坦然面对自身的不足，这样就能“败不馁，丑不羞”，始终保持平稳心态。

其次，多读书、多与人聊天、多看电影

大多自卑的人，其实都有一个共同的点：眼界低。举个简单的例子，就像一个高中生跟一个大学生聊天，发现对方谈吐优雅，广知天下事，顿时会发出：“哇，这人好厉害，似乎什么都

知道，我不如人家。”然后开始自卑。但是，如果他能继续接触大学教授，海外留学精英，乃至商界大佬，政界豪雄，他就会发现：原来之前那个大学生也就一般般。

多读书，多看报，多与人接触，借此提升自己的知识库、数据库，进而提升自己的眼界和思维宽度，我们就会发现：世上能人千千万，何必单为一人自卑。人都有一定的“麻木本能”，当交往的优秀人才多了，看的大世面多了，就不会轻易自卑了。

再次，培养一个小爱好，增强不可替代性

有一种人，比起其他人而言，比较不容易产生自卑心理，那就是具有“不可替代性”的人。一个拥有特殊技能，比如字写得好，魔术要得好……因为不会被替代，所以无论是从客观还是主观上看，自己都是唯一的、被需要的，这样的人又怎会自卑呢？

自卑的人可以从这方面入手，为自己培养一个兴趣爱好，并将之发展成为自己的特长技能，这样就能提升自己在群体中的印象和地位，自卑的心理也就淡化了。

最后，学会用生理影响来消除我们的自卑

从医学上来讲，心理与生理是密不可分的，两者相互影响。生活中我们很多人也有这样的体验：那些脾气差，情绪起伏不定的人，往往健康状况都不太好，或者说，他们的身体处于亚健康的状态；而那些比较爱运动，新陈代谢状况很好的人，往往活泼开朗，心里反倒没那么多事儿。一定程度上来说，身体强，心灵也会强大。

所以，想要变得自信，我们不但要从内在做起，更要从外在做起。多锻炼，拥有一副强健的体魄，是“雄起”的关键资本；多注意打扮自己，不是说要去整容，而是要我们勤洗脸，勤刷牙，勤剪头，穿干净服装，让自己显得更清爽、有活力就行了。

通过这些细节，我们可以让自己迅速变得阳光，给人留下一个优雅的形象。然后，别人也会以“优雅”对待我们，时间一长，自卑心理会自然淡化，甚至消除。

6. 怎样克服懦弱的性格

做一件事之前总会想到困难，担心自己做不来，害怕承担责任，害怕给别人添乱，然后不敢前进……，生活中，不少人被懦弱的人格所困扰，心灵陷于痛苦之中。

有句歌词唱得好，“不怕千万人阻挡，就怕自己投降”。懦弱的性格，会令我们错失机会，不敢大胆追逐心中的梦想，不敢追求心爱的女孩儿，不敢为自己的利益据理力争，眼睁睁看着属于自己的胜利果实，一次次被人抢走。懦弱，是阻碍我们成事的大敌。

赵晓欢就是一个性格懦弱的人，在公司里对谁都唯唯诺诺的，没有主见，别人说什么他只知道点头，从不敢发表自己的意见。很多女员工都不喜欢他，觉得他一点儿男子汉的气概也没有，更重要的是，他完全不懂得维护自己的权益，经常被别人“摘桃子”（暗讽在社会上，有人想坐享其成，既不想出力，就想收获成功果实）。

有一次，公司新开了一个项目，由于要前往很偏远的山区，大家都不愿意去，上面就决定通过“摇号”来决定。很快，一位新来的男孩儿被挑中了，但这家伙不愿意去，就以自己是新人，不熟悉工作为借口，请求让赵晓欢代替他去，赵晓欢感到很为难。

本来，这种无理的要求，赵晓欢是可以拒绝的，即使要去，他自己主动申请也好过替人顶包。但生性懦弱的他不敢得罪对方，哪怕对方是新人，他也担心会冒犯对方，更不敢在领导面前说出自己的想法，于是闭口不言，领导图省事儿，就同意派他去了。

性格懦弱之人，一般比较内向、自卑，不愿主动与人交流。其成因很多，但主要还是童年的经历和成长中的伤害，削弱了他们的自信，使他们在内心形成了消极的自我保护墙。想要改变，只能通过心理训练找回自信，改变他们对自我的定义以及认知。

懦弱的性格不是天生的，而是后天受到环境的影响所决定的。有人说，性格一旦定型就晚了，所以除非从孩童时期入手，否则，想要将一个成年人的懦弱性格扭转过来，几乎是不可能的。其实，只要找到正确的方式，成年人懦弱的性格也会得到克服。

任何人都可以养成坚强的性格，上世纪 60 年代，有一种理论“预限理论”，认为外界的刺激超过了预定的限度以后，就可以使人的性格发生变化。比如，一个孩子很胆小，不愿与人交往，但他后来的工作环境是在军队里，这是个集体，需要他与人交往，需要参加许多集体活动，甚至残酷的斗争，这样的环境就会使他变得坚强、开朗、豁达。

同样，这对一个成年人来说，也是适用的。比如现实生活中，很多父母面对长大的、身强力壮、不听教训的“不孝子”时，往往也会采取类似的方法，要么将孩子送往部队磨炼一番，要么把他们带到某个恶劣的环境中锻炼一番，其效果大多是喜人的。

生活、环境和时间，都是改变一个人性格的最好雕塑师。只要我们自己意识到懦弱性格的不足，有意识地去做出改变，再结合环境因素与我们的决心，就能够磨砺我们的性格，从懦弱走向坚韧、坚强，有魄力。那么，具体来说，应该怎么做呢？

首先，要放宽心态

性格上的劣势，很多地方都是相通的。与自卑心理的产生一样，性格懦弱者，也是因为太在乎才会懦弱。太在乎就会思前想后，结果越想越迷茫，进入了一种死循环。所以要想改变懦弱的性格，还需以平静的心态看待事物。

鼓起勇气，要敢于发起反击

改掉懦弱最好的办法，就是“肆无忌惮”地反击一次，将自己的不满发泄出来，勇于抗争，让人知道我们不是好惹的。软弱的人大多没有当众发火的体验，习惯了沉默忍受。适时地发怒，可以提升自信和气势，有了这两样东西，就不会显得懦弱了。

比如，面对服务态度不好的服务员，我们可以大吼道：“你这样对待顾客，简直太不像话了，走了！”说罢，扬长而去。有过这样的经历后，再次遇到服务态度恶劣的情况时，我们就能坦然表达心中的不满，维护自己的权益。

敢于坚持自己的想法

任何时候，任何地方，一个敢于坚持自己想法的人，没人会把他当做懦弱之人对待。1951 年，富兰克林首先发现了脱氧核糖核酸的螺旋结构，但因受到“强人”责难，只得昧心承认这个发现是错误的。1953 年，又有人重新发现了这一结构并获得了诺贝尔奖金。

由于不敢坚持自己，弗兰克林白白将自己在生物学上划时代的发现拱手让人，而他自己也成为天大的笑柄，少有人同情于他。不能坚持自己的人，是软弱的，不值得同情的。自己要看得起自己，敢于坚持自己，尤其是面对所谓“强人”的时候，仍能不被外力动摇，这样的人是绝对的强者。因此，想要扭转我们懦弱的性格，就从坚持开始吧。

通过一些行为来武装自己

心理学认为，改善行为末端，可以改善心理素质。你如果软弱，就尝试从行为上武装自己。比如：遇见你有点害怕的人，不要绕道走，而是径直迎着对方过去；与人交谈时，身体站直，挺起胸膛与对方讲话；讲话时盯住对方的眼睛，大胆与对方对视，如果一开始的时候做不到，可以先盯住他的鼻梁；说话时有意让自己的声音洪亮，如果对方声音超过你，就突然把自己的声音变轻；保持对话时的沉默间隔，不要急不可耐；最后，不轻易对人说“对不起”、“抱歉”之类的话，除非有必要，否则，说得太多，会让人看轻你。

7. 怎样克服优柔寡断，培养果断的性格？

在《韩非子·亡征》中有这样一句话：缓心而无成，柔茹而寡断，好恶无决，而无所定立者，可亡也。意思是，行事迟疑而无法成事，性格寡断而没什么决断，不知怎么样做才好，怎么样不好，如果让这样性格的人当一国之君，注定是要败亡的。

今天，我们把“优柔寡断”定义为：做事犹豫，缺乏决断。这不是一种好性格，对自己不够狠，对别人也不够狠，做事拖拖拉拉，把握不住最佳时机。可以说，在这个竞争激烈的时代，一个人被形容为优柔寡断，通常是贬义的，是被轻视的。

大学毕业，秦雷和高天海打定主意，到同一家公司上班，于是一起去面试了一家建材公司的销售岗位。工作很不错，待遇也令他们感到满意，两人都想面试成功。

在最后一轮面试时，公司老总问了他们一个问题：如果将来参加工作后，出于工作需要，你们可能会经常出差，并且会被派到很远的地方去，你们愿意吗？

秦雷当场答应下来，说：“没问题，我现在还没有女朋友，不介意出差，父母还年轻，也能忍受外派。”老总很满意，就录用了他。然而，轮到高天海时，他却显得有些犹豫，坐在那里想了很久。高天海的想法是，自己是父母唯一的儿子，如果将来被派到外地，两个老人在家里会孤单，还会担心他的安全和生活。可让他放弃吧，他又有些舍不得，毕竟，这家公司开出的薪资待遇是非常高的，高天海自问，过了这家，很可能没下家了。

见他神色迟疑，一副想说又不愿说的样子，老总很失望，就说道：“我想，你可能不太适合我们这一行。干我们这个，就得有敢拼，果断、果决的气魄。其实，我们公司这么大，全国都设有店面基地，让你留在本地也不是不行，但你这性子……算了，我也不跟你玩什么套路，让你回去等消息了，就直接告诉你吧，你，还是另谋高就吧。”

中国有句古话：当断不断，必受其乱。意思是说，该决断时举棋不定，反反复复，日后必有后患。生活中，这样的情况比比皆是，如择偶、就业、升学等等，很多人就是因为举棋不定，心思反复，结果最后没能达成心理预期，以失望收场。

优柔寡断的人由于思想、情感的分散，没有力量将思想和情感集中到明确的轨道上，从而很难做出决定。他们总是在“落子”的最后一刻犹豫，以至于错失机会，当最后不得不作出选择时，往往又只能在仓促的情况下进行，这就导致了不理想的结果。

有些人之所以优柔寡断，从某种程度上来说，是出于他们的完美主义心理作祟。他们总想做出最正确、最恰当、最完美的决定，所以考虑的因素很多，心里充满了“我这样做是不是最好的，会不会有更好的方法，我这样做是不是不太好，太片面，太武断了”……带着这样的心思，他们迫切地希望了解事情的每一个细节，但实际上他们又没这个能力，于是就在那里徘徊犹豫，纠结不已。久而久之，养成了遇事必定犹豫纠结的性子。

优柔寡断的坏处有很多，不只是使我们在反复考虑之间丧失成功的机会，它还会给我们带来精神上的压力。因此，想要做出一番成就，想要让自己活得更轻松些，我们就一定要改掉这种优柔寡断的性格。具体来说，可以采取以下方法来改变自己：

不要怀疑已经作出的决定

优柔寡断最明显的表现就是“临阵改变想法”，一定要改变这一点，有意识地告诉自己：我是对的，之前作出的计划和目标也是正确的，一定要相信自己，就是它了，不会再改了，这一次，我要认准目标，坚持自己的想法。

美国前总统艾森豪威尔，他在第二次世界大战中曾担任统帅，在著名的诺曼底登陆作战行动之前，有人问他，如果突击队从沙滩上被赶回大海，那会是什么结果。他回答说：“那将是非常不妙的，不过我从来没有考虑到过这种可能性。”

只有认准目标，坚定执行，努力在现有的条件下尽量取得成功，才有可能取得成功，才不会让之前的努力白费。临到上战场了，才怀疑作战方式是否正确，这是毫无意义的，只会动摇自己的决心，动摇军心，严重者甚至还会不战而败。

两害相权取其轻，学会权衡利弊

人们在决断时，常常会碰上两种选择，通常是两者各有利弊，让人很难作出决断。这个时候，就需要我们“清心寡欲”一些，放弃兼而得之的想法，鱼和熊掌若是不能兼顾，就直取熊掌。迟疑不决，不肯放手，有可能最终既得不到鱼，也得不到熊掌。

从小事做起，适当地“一意孤行”

很多时候，“一意孤行”是负面的词语，不可否认，一意孤行的人，总是和傻瓜、文盲、草莽匹夫等联系在一起，但他们绝对不是优柔寡断的人。果敢、果决在他们身上体现得淋漓尽致。所以，不妨效仿他们，在某些时候适当地“一意孤行”一把，学会果断一点。

日本“经营之神”松下幸之助，在一篇有关经营之道的文章中也说过：在决策时，有时也要“一意孤行”。当然，在刚开始的时候，这种“一意孤行”最好是从小事做起，确保自己能够承受决策失败的后果。比如“用三分钟时间，独自买一件衣服”等等，事情不大，即使错了也不会影响生活。

总之，不管事情大小，果断出击总比怨天尤人、犹豫不决更为有益。犹豫不决、优柔寡断是平庸者的共性，与其在挣扎犹豫中让机会从手中溜走，不如从今天开始就改变这种性格，培养果敢、果决的做事风格，该出手时就出手。

8. 别让虚荣心害了你

所谓虚荣心，指的就是为了引起他人注意，而表现出来的一种不正常的社会情感，人们在虚荣心的驱使下，往往只追求面子上的好看，而不顾自己的现实条件。

在我们身边，爱慕虚荣的事时有发生，比如买车只买贵的，不买便宜的，买衣服、买包包只买名牌，不知名的不考虑，找女朋友只找能让自己带出门炫耀的，找男朋友一定要找身上有“吹嘘点”的，旅游一定要发自拍……

伊婉秋，大学刚毕业就嫁人了，丈夫是北京本地人，这让来自南方小县城的她，十分自豪和得意，每天没事儿就在朋友圈发一些东西，言辞之间掩饰不住炫耀之意。

有一次，丈夫带回来一个女式包，伊婉秋只看了一眼就喜欢上了，于是连忙拿着包包，摆了几个“pose”发到朋友圈，“亲爱的给人家买了包包，哇，好喜欢。”

没过几天，丈夫黑着脸回来了，问她是不是发了什么不该发的照片。追问之下，她才知道，原来那个包包是丈夫顶头上司的，因为那晚公司聚会，对方喝多了，走的时候把包包落下了，他就带了回来，准备第二天还给人家。哪想到，伊婉秋这一发，被他的一个同事转发了，大家传来传去，传出了一些不好的流言，让那位女上司十分生气。最后，伊婉秋被丈夫狠狠地骂了一通，她气不过，两个人就争吵了起来，还影响了夫妻感情。

生活中的各个领域，我们都能发现这种“虚荣”的行为，而爱慕虚荣者，则不分男女老少，尽皆有之。好面儿，讲排场，贪慕虚荣，已经成为部分中国人的标签。

但是，这种“贪慕虚荣”的性格是不好的，危害是巨大的，它会使我们目光短浅，做事冲动，甚至让我们的言行陷入低龄化。有虚荣心的人，生活的关注点往往放在名利和享受上，很少关心人生的真正价值，从而使自己庸庸碌碌，没有作为。

贪慕虚荣，还会给我们造成思想压力。爱慕虚荣者，常把“名、利”作为支配自己行动的内在动力。他们不顾自身条件，总爱打肿脸充胖子摆阔，然后又用几倍的努力去偿还。表面上看这似乎是一种激励，但实际上，多数“充胖子”的行为，都超出了虚荣者自身的能力范畴，一次两次还行，次数一多，时间一长，就容易使人超负荷工作，精神崩溃。

最关键的是，不顾代价地追求“虚荣”，不但会把自己拖下水，还会“祸及家人”，自己造的孽，让全家人一起偿还，给家庭带来了不幸。现实中不乏因为追求虚荣，最后导致家破人亡的案例。可以说，这是威胁我们家庭和睦、夫妻和谐的“杀手”之一。

在莫泊桑的《项链》中，马蒂尔德为了一时虚荣，付出了自己大半的家产和10年的青春，最终换来一个“那条项链是假的”的结局，虽然很悲惨，却也怪不得别人，一切过错全在于她的爱慕虚荣。如果她能守住本心，认清自己，也不会有如此下场。

别让虚荣心害了我们，人心中最恐怖的就是虚荣心。一旦有了它，我们和朋友、家人、亲人之间的交流都会产生障碍，我们必须为了一个谎言而去说一千个谎言，最后更会因为无力圆谎，伤害到对方。收敛我们的虚荣心，让我们以诚实的面貌去迎接世界，这样不但活得轻松，也能让我们更清楚地认识自己。那么，如何改掉虚荣的毛病呢？

与自卑和懦弱不同，虚荣心，是每个人必然会有的东西，而且它也不全然是负面的。的确，一定的虚荣心能刺激、激励我们前进，但它的危害在于，我们常常不能把握分寸，容易追求过度。“过度的虚荣”才是有害的。因此，想要改掉爱慕虚荣的毛病，我们也需要拿捏分寸，不能矫枉过正。太严苛，反而会适得其反，使我们丧失拼搏的动力。

实际上，“爱慕虚荣”本身是一种不自信的表现。追求虚荣者一直活在别人的评价中，幸福是别人眼里的幸福，痛苦也是别人认为的痛苦，他们的生活目标就是一句话：过得比别人好。因此，想要改掉爱慕虚荣的毛病，最好的方法就是摆正心态，认清自己。当我们自己有这方面的意识并刻意收敛的时候，其实就已经是在抑制我们的虚荣心了。

不要去盲目攀比，这会让我们错估自己的实力；不要过分看重别人的评价，这会让我们看不清自己想要实现的目标；也不要总想着在人群中表现自己，这样会让我们暴露自己的底牌，被竞争对手看清。做到这些，就不用再受“虚荣心”的困扰了。

须知，一个聪明人，往往只会默默做事，闷声发大财，贪图于表面上的虚荣，只会让我们心态膨胀的同时，失去竞争优势。想要取得成就，就必须摒弃“爱慕虚荣”的想法和行为。

9. 培养沉稳的性格

有时候，我们计划做一件事，虽然有良好的计划，但由于不够沉稳，希望在短时间内做好，以至于做事过程中浮躁不安，效率方面大受影响，最终虎头蛇尾。

黄文斌是个做事毛躁的人，常常把简单的事情搞得一塌糊涂。别人发的邮件，他经常漏看个别词语，理解错误，然后就跟人家争论，最后才发现是自己看错了。

有一次，上司交给他一份编写代码的活儿，他拿到手里就开始干了起来。因为周末计划好出去游玩，所以他写得非常匆忙，一个下午就搞定上交了。等到周一开会的时候，上司把他狠狠骂了一顿。原来，他写的那份代码错误百出，完全没法儿用。

还有一次，他女朋友的妈妈来看他，都上午十点了，他还没起床，为了不给未来丈母娘留下负面印象，他匆匆忙忙起来，没说几句话就冲出去买菜，又很快回来了。结果发现，自己不是忘了买酱油，就是忘了买调料包，来来回回又出去几趟，直到下午两点才把饭菜端上桌。

做人要沉稳，静得下心，遇事不慌，干事才能稳住阵脚。当今时代，竞争激烈，知识和讯息更新速度很快，致使越来越多的人心浮气躁，做事急功近利，冲动有余，却耐性不足，缺乏恒心和运筹帷幄的气度。这样的人，大多是成事不足，而败事有余。

不管是做什么事，性子沉稳的人总是更容易做成，因为他们用一颗安稳、清醒的心去面对一切，所以能捕捉机遇，洞悉大局，避免很多不必要的弯路和风险。可以说，沉稳是生计的一种才智，更是走向成功的重要法宝。一个性格沉稳的人，魅力非凡。

有位富商为避战乱，将一幅价值连城的名画藏在一把旧雨伞的伞柄里，而他自己则化装成百姓，准备带伞回乡下老家。不料，途中在一个村庄歇息时伞不翼而飞。

富商心头大震，但表面上却是不慌不忙，他先是坐在那里一动不动，等到心情平复下来之后，才四处寻找线索，他发现随身携带的包裹完好无损，因此断定拿伞之人不是掌握伞柄秘密的专业盗贼，只是当地爱占小便宜的乡民。

富商计上心来，决定在当地住下来，改行做换伞生意：以旧换新，一文不添。果然，没过多久，那把魂牵梦萦的旧伞就自动送上门来了。富商的名画失而复得，靠的不是“急”而是“智”，而这“智”则完全来自他冷静之后的“慢”而“稳”的思考。

韩国有个下围棋的高手，名叫李昌镐，他下棋时，不管局势对自己而言有多么糟糕，也不管局势多么紧张，总是面无表情，心如止水，旁人和对手很难通过他的言行举止、神态变化来揣摩他的心思和棋路。因此，与他对弈的人常常被这种“不动”所吓倒，感觉自己面对的就是一尊神像。于是有人称他为“石佛”，意味沉稳如石，棋力近佛。

不慌不乱，下棋时方可纵观全局，进退自如。同样，做事沉稳，心海不起波澜，我们才能精确把握事情的每一个环节，做到事无巨细、有备无患，最终圆满解决问题。现代社会飞速发展，个个争先，唯恐失去任何出人头地的机会，大家都习惯“急”。

人们急着看到做事的结果，急着分享自己的得失，情绪变化溢于言表。殊不知，这是极大的缺陷。“急躁必然乱心，从容才能生智。”只有让自己变得沉稳一些，做到渊渟岳峙，才能“任风吹雨打，我自永恒。”那么，怎样做，才能使我们变得沉稳呢？

遇事冷静，临危不乱

遭遇突发事件时，很多人总是自乱阵脚，不知如何是好，犹如无头苍蝇四处求援，或急于行动。其实，一个沉稳的人，无论何时何地，遭遇任何性质的突发性事件，他们一定会先给自己一段“空白”时间，先让自己冷静下来，然后才思考应对的策略。

没有什么事是必须在眨眼之间搞定或作出决定的，先让“子弹”飞一会儿，冷静过后才能作出较为恰当的决定。所以，培养沉稳性格，遇事不慌，是基本前提。

学会控制自己的情绪

一个成熟稳重的人，通常是喜怒不形于色的，只有这样，才不会被人轻易抓住心理变化以及弱点进行利用。少说话，控制情绪，让自己始终处于一种“静”的状态，就能减少来自他人的恶意攻击，做事也更有效率。

做事不片面求快，要多方面考虑

一个英明的将军，从不打无准备之仗。做事前要做足充分的准备，尽可能多地设想会发生的情况，这样才能心中有底，即使遭遇突发事件也能从容自如地应对。

佛言：“静生慧，慧生觉，觉生定。”遇事不急，处世不躁，才能智慧地面对困难，从容地战胜困难，克服困难。急中生智是超常态，急中失措才是常态，想要意外之事不意外，全在于我们是否沉得住气。

成熟稳重的人，在职场中更加得心应手，在人际关系中也会因为踏实稳重的性格而具备独特魅力，备受欢迎。